JN076224

元国税芸人が教える！

# フリーランスで生きていくために絶対知っておきたいお金と税金の話

さんきゅう倉田

あさ出版

# はじめに

２００９年の５月に吉本興業の養成所ＮＳＣに入り、その１年後に芸人になりました。小売店や家電量販店でアルバイトをしながら、少しずつ仕事を増やし、今ではなんとか東京で人並みの生活ができるようになりました。

芸人＝フリーランスではありませんが、ぼくの仕事はフリーランスに近いと思います。テレビや広告の出演依頼よりも、取材や執筆、講演のほうが多い。

みなさんと同じように報酬の振込が遅くて悩んだし、みなさんと同じように収入が安定せずに不安になったし、みなさんと同じように高慢な取引先からハラスメントを受けています。

この本では、ぼくが芸人になってからの「多くの失敗」と「ほんの少しの成功」を知識として集約しました。

「同じ失敗を繰り返さないために、ああ言う取引先にはこう言って対処しよう」
「あれをやって喜ばれたから、また仕事が来たんだな」
「これを言う人はフリーランスをただの下請けだと思っているな」

自分の経験が少しでもフリーランスのみなさんに役立ったらうれしい、そう思って書きました。

さんきゅう倉田

はじめに……2

# 第1章 フリーランスの仕事と報酬の現実

## Episode・1 フリーランスで稼げる人、稼げない人

フリーランスの仕事を失う恐怖は会社員にはわからない……12
自由と引き換えに収入が不安定になる……14
仕事が1つ減ると、収入が減ることを会社員は気にしてくれない……19
フリーランスなら支払日は必ず確認……22
フリーランスは相手に認知してもらうことが重要……27
仕事にはお金以外の価値を見出す……30
お金が人間関係の余裕を生み余裕がお金をつくる……33

お金は仕事につながるように考えて使う……37
COLUMN 1 副業は持っているスキルで勝負する……42

# 第2章 フリーランスが仕事の効率を上げる方法

Episode・2 フリーランスの時間とお金について
「弊社に来てください」は要注意……46
自分の時給を把握しよう……50
スキルの見える化で依頼が増える……55
自分の製品の価格を決めよう……58
作業時間が短くなると単価が上がる……62

## Episode・3 フリーランスの心得

ホウレンソウは息を吸って吐くようにできて当然 …… 70
売上を上げるために意識していること …… 72
自分を過大評価する …… 77

## Episode・4 フリーランスのNG

絶対に言われたくない言葉「無理」 …… 80
フリーランスは意味のないことはしない …… 82
謙虚さは必要だが、遜ると相手は侮る …… 84

●お役立ちツール
フリーランスのための請求書 …… 86

## 第3章 駆け引き上手なフリーランスの行動経済学

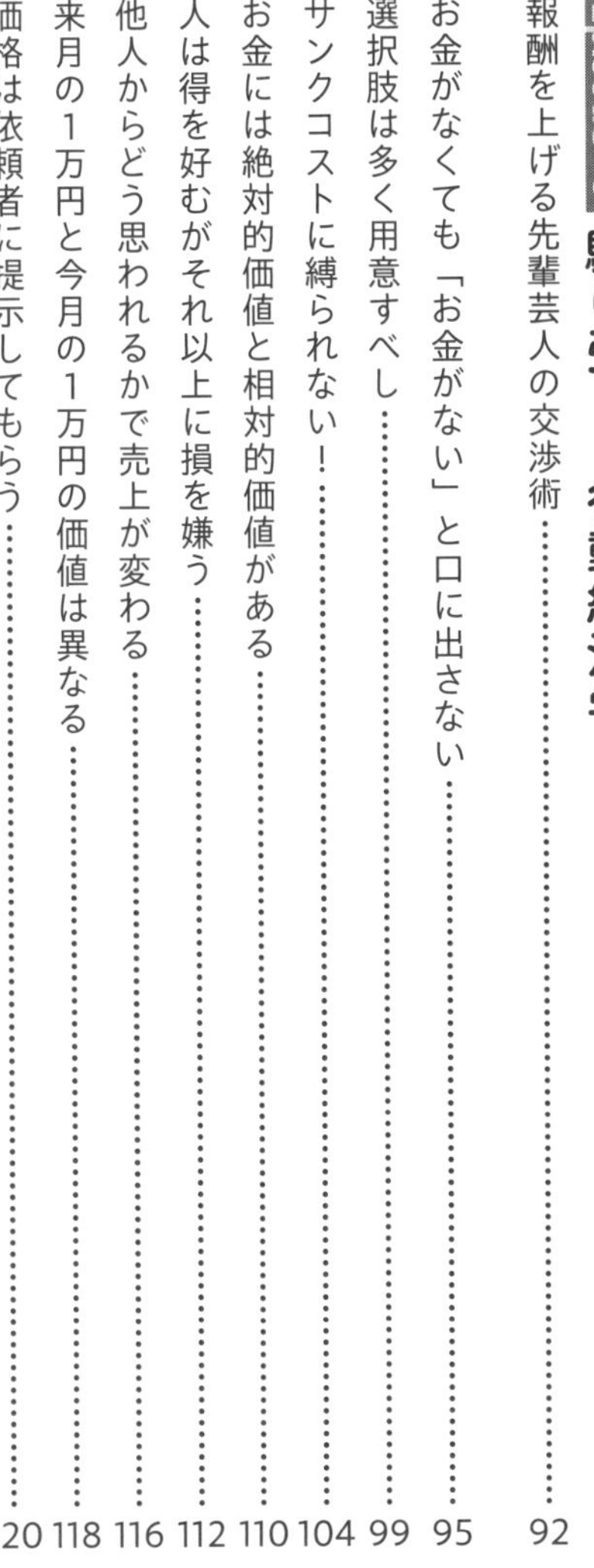

### Episode・5 駆け引きと行動経済学


報酬を上げる先輩芸人の交渉術 …… 92
お金がなくても「お金がない」と口に出さない …… 95
選択肢は多く用意すべし …… 99
サンクコストに縛られない! …… 104
お金には絶対的価値と相対的価値がある …… 110
人は得を好むがそれ以上に損を嫌う …… 112
他人からどう思われるかで売上が変わる …… 116
来月の1万円と今月の1万円の価値は異なる …… 118
価格は依頼者に提示してもらう …… 120

# 第4章 危ない取引先への対処法

Episode・6 こんな取引先はイヤだ ～受発注編～
危険度がわかる取引先の言葉 …… 124
ツイッターでの依頼は要注意 …… 127
仕事を紹介されたとき 人の紹介を頼まれたとき …… 129
Episode・7 こんな取引先はイヤだ ～契約編～
「高くありませんか」と言われて …… 136
口約束は信じない …… 138
下請法で禁止されていることを知り、交渉の材料にする …… 141
COLUMN 2 忙しいふりをするか否か …… 145

# 第5章 フリーランスのための確定申告と資産形成

Episode・8 確定申告は慎重に
税務調査は何度でも …… 148
所得税と住民税 …… 151
確定申告はどこでする？ …… 159
青色申告と白色申告の違い …… 161
フリーランスの経費の考え方 …… 165
インボイス制度と消費税 …… 168

## Episode・9 老後の資金も準備も大事

フリーランスだからこそ、将来の備えが必要……178
フリーランスのための資産形成……180
だらしないフリーランスは貯蓄が苦手……185
おわりに……188

※本書に記載の情報は、特に断りのない限り2023年1月時点の情報を基にしており、今後変更される場合がありますのであらかじめご了承ください。

イラスト／エビアヤノ
編集協力／洗川俊一
本文デザイン・DTP／株式会社スパロウ

# 第1章

# フリーランスの仕事と報酬の現実

# フリーランスの仕事を失う恐怖は会社員にはわからない

担当者「すみません。あの仕事、流れてしまいました」

しばらく連絡がなかった仕事の進捗状況を担当者に確認すると、いつのまにかなくなっていました。

さんきゅう「悲しいです。どうしてなくなったんでしょうか」

担当者「途中で依頼者からの連絡がなくなって、そのままにしていたらなくなりました」

怪しい。

自分のミスを認めたくないから、ウソをついている可能性があります。

もし本当だとしても、しばらく連絡がないなら状況を確認してほしかった。
あとからわかったことですが、仕事がなくなったのは担当者が依頼者からの連絡を無視したことが原因でした。

フリーランスは、仕事がなくなればその分の収入もなくなります。
しかし、会社員である担当者は仕事が減っても給料は減りません。
だから、フリーランスの仕事を得る苦労と失う恐怖がわからない。

自分の仕事を守れるのは自分だけ。
信頼しても、信用してはいけない。
あらためてそう思った出来事でした。

# 自由と引き換えに収入が不安定になる

## フリーランスの長所と短所は表裏一体

ぼくは、公務員を辞めた次の日から吉本興業の養成所ＮＳＣに入り、芸人になりました。

個人事業者である芸人も広義ではフリーランスです。

あれから14年。

いちばん変わったのは、**自由な時間が増えた**ことです。

いつ働いてもいいいし、いつ休んでもいい。何時に起きてもいいし、夜中に仕事をしてもいい。

拘束される時間が少ない分、単位時間当たりの単価は公務員のときと比べると高くなりました。

さらに、フリーランスはやりたい仕事だけをやることが可能です。

イヤだなと思ったら断れるし、業種も自分で選べます。

**自分の好きなことだけをやる。**

それが、ぼくが感じているフリーランスのいちばん良いところです。

もちろん、良いことばかりではありません。

自由と引き換えに収入は不安定になります。

収入の多い月もあれば、ない月もある。「安定なんかいらない」と思って公務員を辞めたのに、今では、月に5万円でも固定の収入があると安心します。

お笑いの世界では、若いときに売れていても、50代、60代になって、仕事がなくなりお金に困っている方がいます。

「もしかしたら、自分もそうなるかもしれない」

そう考えながら、新たな技術や知識を身につけるように努力しています。

## 依頼があるから報酬が得られる

フリーランスとして生活できるようになるのは容易ではありません。

ぼくがアルバイトを辞めたのは芸人になって6年目くらいだったし、国税局を30代で辞めて税理士になった知人は、しばらくUber Eatsで配達をしていました。

どうしてフリーランスの収入が安定しないのかというと、自分で仕事を生み出すというよりは、仕事の依頼を待つ業種が多いからです。

芸人のぼくもそうですが、ライターさん、デザイナーさん、イラストレーターさん、プログラマーさんなど、みなさん見知らぬ誰かから仕事を依頼されています。


依頼があるから仕事ができ、報酬を得られる。


当然ですが依頼がなければお金は入ってきません。

何かをつくって売るにしても、売る場所がなければ買ってもらえません。

だから、フリーランスになってまず考えるべきことは、

・**自分には何ができるか**
・**どうやって自分の商品やサービスを知ってもらうか**
・**どうやってお客の手の届くところに商品やサービスを置くか**
・**どのような商品やサービスにニーズがあるか**

だと思います。

## 努力と成長がお金になって返ってくる

働きたい分だけ働けることもフリーランスの利点です。
会社員の給料は、会社の業績や規定で決まります。
他の人より優秀で仕事が早くても、残業をしない限り給料は増えない。
実力を正しく評価されていないと感じませんか。
しかし、フリーランスはあなたが優秀であればあるほど収入が増えます。
さらに、キャリアを積んで技術が向上すると、効率よく稼げるようになります。

たとえば、ぼくはウェブで連載を持っていて、始めたばかりの頃は1本書くのに10時間ほどかかっていました。

それが今では、1本当たりにかかる時間はおよそ90分。単純計算で単価が約6・7倍になったことになります。

このように、**努力と成長がすぐにお金になって返ってくるのがフリーランス**です。

会社員と比べると、収入が不安定な時期もあるでしょう。

しかし、好きな時間に働けて、好きな仕事だけを受けて、高い報酬が得られるかもしれない。

**不安定を享受して、自由な時間とやりがいのある仕事で圧倒的報酬を得る。それがフリーランス**なのです。

フリーランスで稼げる人、稼げない人

# 仕事が1つ減ると、収入が減ることを会社員は気にしてくれない

## 報酬と使った時間は関係ない

フリーランスにとって仕事が1つなくなることは、その分の収入を失うことを意味します。

フリーランス自身がこのことを自覚していても、**依頼する側の会社員にそのような認識はありません。**

フリーランスと会社員とではあまりに働く環境が異なるからです。

たとえば、毎月決まった金額の給料をもらえる会社員は、給料が減ることはありません。勤務時間も決まっているので、その時間に出社さえすれば、どんなに仕事が遅くても賃金が支払われます。

一方、成果物に対して対価が支払われるフリーランスは、時間をどれくらい費やしたかは関係ありません。

**1万円の仕事は、1時間かかっても、5時間かかっても、1万円の価値しか生みません。**それが良いところであり、悪いところでもあります。

## 移動時間は単価を下げるムダな時間

会社員が取引先に行くとします。勤務時間内なので電車に乗って移動している間も給料がもらえます。

しかし、フリーランスは、打ち合わせや仕事のために移動してもお金は得られません。**フリーランスにとって、移動時間はムダな時間**です。

ぼくの場合、打ち合わせはオンラインで行い、取材の際は、担当者が会社員ならこちらの指定した場所に来ていただいています。

仕事をくださることに感謝はしています。

来ていただくことに対して、申し訳ない気持ちもあります。

しかし、「移動中も給料が出るんだからいいじゃない」という思考が、ぼくの背中を押してくれています。

また、会社員は、仕事が長引いて所定の労働時間を超えると残業代がもらえます。

休日を使って仕事をすると休日出勤手当がもらえます。

しかし、フリーランスにはそれらはありません。

仕事にどれだけ時間がかかっても、あらかじめ決められた報酬が加算されることはほとんどないと思います。

「作業が増えたら、その分の報酬をいただきたい」

**フリーランスがそう思っていることを会社員は知りません。**

きっと、追加の作業を依頼したり、あなたを何度も呼び出したりします。

そういうときは、丁重に断るか、追加の予算が必要である旨を丁寧に説明しましょう。

また、報酬を決める際に、仕事内容をしっかり定義することも重要です。

ライターであれば、打ち合わせの回数と時間、原稿の文字数や仕事量、商品の個数、修正の回数などを決めておけば、作業を追加された場合に、予算の追加を提案しやすくなります。

フリーランスで稼げる人、稼げない人

# フリーランスなら支払日は必ず確認

## フリーランスはお金がかかる

フリーランスになると出ていくお金が多くなります。

パソコンや書籍の購入、通信費、名刺やホームページの作成代、打ち合わせや仕事現場への交通費、事務所の家賃や光熱費、さまざまな会費なども必要になります。

それだけではありません。

社会保険料も全額自己負担だし、住民税の支払いもあります。

先日、同期の芸人に会ったら、

「住民税が払えないから借金したい」

と言っていました。

彼の場合はお金の使い方に問題があるのかもしれませんが、フリーランスになると、社会保険料などの負担が増える可能性があります。

**会社は1人の社員を雇うために、その社員の給料より高い費用を支払っていることを忘れないようにしましょう。**

## 仕事をしてもお金を払ってもらえないことがある

フリーランスになってから、**事前に知らされていた支払日に報酬が振り込まれない**ことが何度もあって驚きました。

会社員や公務員なら給料の支払いが遅れることはありません。

毎月、月末になると必ず給料が振り込まれる。

だから、期日までにお金を支払わない会社が世の中に存在するとは思っていませんでした。支払いが遅れる原因として考えられるのは、次の3つです。

① **担当者が支払いの手続きを忘れている**
② **意図的に払わない**
③ **取引先の経営状況が悪くて払いたくても払えない**

ぼくの経験では、③はなく、②は100件に1件くらい、①は10件に1件くらいの割合で発生します。

発生する確率10％は高い。

日々の業務の中に未払いがあると鬱陶しいことこの上なく、他の仕事が遅延します。

支払日に振り込みがなければ督促の連絡をしますが、それですぐに振り込まれる場合もあれば、2週間後、1ヶ月後になる場合もあります。

入金の確認や督促は面倒だし、不安を招く「不要な作業」です。

やっても報酬は増えません。

可能であれば根絶やしにしたい。

しかし、会社員の支払いに対する意識が低い限り、支払いの遅れは起こるでしょう。

なお、下請法（詳細は141ページ）で、納品から60日以内に報酬を支払うことが義務付けられています。


また、取引先の担当者に支払日を確認することも大切です。

聞かなければ教えてくれない担当者がほとんどだからです。

ただ、隠しているわけではありません。

会社員だから気にしていないだけです。納品時や作業終了時、請求書を送った際に、「締め日と支払日をお知らせください」と必ず言いましょう。


会社によって、締め日や支払日は異なります。

たとえば、ぼくの取引先の中には、①請求書を送った月の月末締め、翌月末払い、②

請求書を送った月の月末締め、翌月10日払いなどがあります。

取引先に「お金の話」をすることに抵抗がある人もいるでしょう。

ぼくだって、言いづらいときがある。

しかし、時間が経てば経つほど切り出しにくくなります。


「入金はいつかな？」

「そろそろ入ったかな？」


不安を感じている間は、仕事のパフォーマンスが下がるし、何度もATMに確認しに行くのは不要な作業です（ぼくは、三井住友銀行のネットバンキングを家計簿アプリと連携させて、スマホで確認しています）。

フリーランスになったら、**締め日と支払日を必ず確認し、1日でも入金が遅れたら速やかに督促しましょう。**

フリーランスで稼げる人、稼げない人

# フリーランスは相手に認知してもらうことが重要

## 能力があっても知られていなければ……

会社員は、のんびり働いても、意欲的に働いても、短期的に見れば給料は変わりません。一方で、フリーランスは意欲的で高い能力があっても、報酬が得られるとは限りません。

**依頼してくれる人や買う人がいなければ仕事ができない**からです。

たとえば、芸人の主たる仕事は、テレビなどのメディア出演か営業です。

しかし、無名の芸人に出演してもらおうと考える人はおらず、それらの仕事を得るのは容易ではありません。

芸人には、お笑いライブという仕事もありますが、それも一部の特別な公演以外は、毎日出演したとしても生活できるほどの収入は得られません。

ただ、仕事がないからといって芸人の能力が低いかというと決してそんなことはなく、ふつうの人よりコミュニケーション能力は長けているし、説明も達者だし、面白い。

その能力と用途を知られていないだけだと思います。

フリーランスも同じです。

**仕事を得るために能力を伸ばすだけでなく、自分の技術と存在を知ってもらうための努力をしなければなりません。**

友人や知人、会社員時代にお世話になった人たちに独立したことを知らせ、同業者の集まりに参加し、ホームページをつくり、ＳＮＳで発信する。

他者が、あなたを知り、さらに容易に連絡できる環境をつくる必要があります。

Ｇｏｏｇｌｅなどで、「税金　講演」と検索して名前が表示されても、窓口がなければ依頼できません。

ぼくも、数年前にホームページをつくってから、仕事の依頼が増えました。

「SNSはやっていないし、吉本興業に連絡するのは緊張する」

そういった方々が依頼してくださるようになり、ホームページの作成代金20万円は、すぐに回収できました。


**投資をして売上を増やす。**

フリーランスとして、理想的なお金の使い方です。

## 仕事が増える人と減る人の差は？

フリーランスは認知と人付き合いで仕事が増えると考えています。

認知されていれば知らない人から依頼があるし、認知されていなくとも仕事をした人との人間関係を大切にしていれば再び依頼があります。

自分では同業他社より劣っていると思っても、他の業種の人からすれば、その能力の差を判断することは難しい。だから、信頼している知人に依頼します。赤の他人に依頼するより知人に依頼するほうが交渉もラクです。

反対に、スケジュールを守らない、返信が遅い、書類を提出しないなどの怠慢は信頼を失うため、あなたに特別な能力がない限り、あなたの仕事を減少させます。

フリーランスで稼げる人、稼げない人

## 仕事にはお金以外の価値を見出す

**フリーランスになるなら「好きな仕事」を**

お金のためだけに働くことは、悲しいし、不合理です。

自由に仕事を選択できるフリーランスになったのなら、仕事にお金以外の価値を見出してほしいと思います。

職人が過酷な労働環境に耐えられるのは、学びがあるから。

芸人がアルバイトをしながら活動するのは、楽しいから。

**好きな仕事をすれば、能力が上がり、それに比例して収入も増えます。**

長時間労働も苦でないし、休みもいらない。同業者と会って情報交換するのも楽しいし、それが仕事につながることもある。

一方で、収入が増えれば、家族のために休みを取ることもできます。

## 「働いて収入を得ること」と「仕事が楽しいこと」は両立できる

若い会社員の人に会ったら、聞くようにしています。

「仕事は楽しいですか」

仕事を楽しんでいる人からは、ぼくの知らないその業界の面白い話が聞けます。

「仕事がつまらない。お金を稼ぐためだけにやっている」と言われたら、悲しい気持ちになってしまいます。

会社員なら仕事を楽しんでいなくとも、与えられた作業を行えば給料がもらえます。

しかし、フリーランスはどうでしょう。

好きでもない仕事をしているフリーランスに、仕事の依頼が来るでしょうか。

「私、ライティングが嫌いなんですよね」

このようなライターさんに積極的に依頼したいと思うでしょうか。

その仕事を好きでやっている人のほうが、依頼に前向きに取り組み、それが良い結果につながると、依頼者は思うはずです。

だから、**楽しく仕事をしている人に、仕事は集まります。**

フリーランスで稼げる人、稼げない人

# お金が人間関係の余裕を生み余裕がお金をつくる

## 感謝の気持ちを伝えるためにお金を使う

「ありがとうございます」だけでは、あなたの感謝の気持ちは伝わりません。

買い物をしてレジで店員さんに言う「ありがとうございます」と報酬50万円の仕事をくれた人に対する「ありがとうございます」には、感謝の気持ちに差がありませんか。

しかし、感謝の言葉をかけられた人には、その違いがわからない。

だから、その気持ちを別の方法で伝えます。


ぼくがそう思うようになったのは、10年くらい前のある出来事がきっかけでした。

ある日、朝の情報番組の打ち合わせで、渋谷の喫茶店に行きました。

打ち合わせには、ディレクターとＡＤ、共演する予定のＦＰ（ファイナンシャルプランナー）の女性が参加していて、挨拶を済ませると、ＦＰの女性がデパートで買った小さな洋菓子を配りました。

丁寧に包装されたフランスのお菓子。

好感を持ちました。

ぼく以外の人間も心を動かされているようでした。

洋菓子分の現金を送るより、何倍もの効用があると思いました。

朝の番組に少し出るだけなので、ギャラは高くありません。

手土産を買うゆとりはないはずです。

だからこそ、仕事をもらったことへの感謝が伝わってきました。

その日から、取引先や友人にお祝い事があれば、ぼくもお金を惜しまずに、物を贈るようにしています。

**深い感謝は「ありがとうございます」では伝わらないと考えているからです。**

**そして、その感謝の気持ちが、次の仕事につながると思っています。**

この原稿を執筆している今日は、12月16日。今年、特にお世話になったマネージャーさんと出版担当者の社員さんにお歳暮を贈るのを忘れたことに気づきました。すみません。来年は、必ずお贈りします。

## 仕事の道具と自分には惜しまず投資する

お金に余裕がなければ、仕事に必要な道具を買うことができません。

しかし、お金の使い道として道具の優先順位は高いと思います。

**道具が充実していれば、パフォーマンスが向上し、時間の削減にもつながります。**

ぼくはライティングの仕事を始めた当初、パソコンを持っていませんでした。

3ヶ月ほどは、iPhoneのメモアプリに入力して、メールにそのまま貼りつけて送っていました。

依頼者は、それでいいとおっしゃっていましたが、いくらぼくが野蛮なお笑い界の住人であっても、このままではまずいと考えて、パソコンを購入しました。

相手のためでもあるし、自分の作業効率化のためでもある。作業スピードは格段に向上し、単位時間当たりの単価が上がりました。

フリーランスは自身の能力の向上によって単価を上げることができますが、道具の性能も単価に影響します。

ドラクエで、武器や防具を買わずにレベルだけ上げる人はいません。レベルも上げるし、武器や防具も買う。フリーランスも同じです。

さらに、フリーランスは自分を成長させるためにもお金を使います。

知識を得るために本を読み、話を聞くために他人に会いに行き、新たな技術を得るために講習を受ける。

そうやって、能力を伸ばせば仕事が増え単価が上がります。

**時間だけでなく、お金を使って自分を育てることが重要です。**

感謝を伝えるため、道具を買うため、そして、自分を育てるためにお金は使うと良いと思います。

フリーランスで稼げる人、稼げない人

# お金は仕事につながるように考えて使う

## 仕事につながるお金の使い方

ぼくは電気主任技術者という資格を持っています。

ビルなどの電気を管理する資格で、どのようなビルでも彼らと契約して点検を受けなければいけません。

知り合いのとある電気主任技術者は、年末になると取引先の担当者にビール券を配っています。

40ヶ所くらいある取引先すべてに、1万円分のビール券。

担当者からすると契約する相手は誰でも良い。管理するだけなので、仕事は誰がやっても変わりません。優秀な人が管理するとちょっと強い電気が流れる。そんな事象もない。

そうすると、価格やコミュニケーションでしか同業他社と差別化できません。そこで、実弾によって、担当者を味方につけます。

もしかしたら、ビルの方針で電気主任技術者を変えようとするかもしれません。そんなとき、「ビール券がもらえなくなる!」と考えて上の人を説得してくれれば良い。

そんなことを考えて、彼は毎年ビール券を配っています。

**使ったお金が仕事につながる。**それがフリーランスだと思います。

お金に余裕がなくともできることはたくさんあります。

周りの人が本を出したり、イベントをやったり、アプリをつくったりしたら、積極的にお金を使うと良いと思います。

きっと、感謝の気持ちを「ありがとうございます」以外の方法で伝えてくれます。

## 手土産を惜しむ会社員

フリーランスと会社員のお金に対する考え方の違いは、手土産に顕著に現れると思います。

先日、友人がワインを振る舞ってくれるというので、数人で友人の自宅にお邪魔しました。そのとき、参加者の会社員（38歳）は、手土産に100円のアイスとコーラを買ってきました。

アイスもコーラもおいしい。おいしいけれど、38歳が持ってくる手土産ではないでしょう（笑）。しかも、1つずつ。参加者は3人なのに。

彼は自宅のローンを払い終わって預金が4000万円あるので、貧しくありません。だから、困窮が理由でその手土産にしたのではなく、考え方や習慣の違いだと思います。

友人宅にアイスとコーラを持っていくフリーランスはいないように思います。

## 敬意を払わない経営者

「これちょうだい」

「あれ教えて」

「ただでやってよ」

経営者や会社員がそう言っているのを何度か聞いたことがあります。

一方で、フリーランスはそのようなことを言いません。それは相手の商品や成果物、知識に敬意を払っているからだと思います。

**相手の仕事に敬意を払わなければ、自分の仕事にも敬意を払ってもらえなくなります。**

フリーランスにこんなことを言う人がいます。

「友達だから安くしてよ」

もし、本当に友達で、そのフリーランスのことを応援する気持ちがあるのなら、

「友達だから、ちょっと多く払うよ」

そう言ってあげてください。

フリーランスで
稼げる人、稼げない人

好きな時間に働きたいだけ働いて、仕事は選べる

会社員とは収入に対する意識が異なる

仕事の内容と金額、締め日と支払日を必ず確認

能力が高くても、認知してもらわなければ依頼はない

自分の好きな仕事をしよう。楽しく働くフリーランスに仕事は集まる

他人、道具、自分にお金を使おう

仕事につながるお金の使い方を考えよう

COLUMN 1

# 副業は持っているスキルで勝負する

副業を認める会社も増えたので、副業を考えている会社員の方もいると思います。

副業は今自分が持っているスキルで始めましょう。

そうすれば、初期投資や時間などのコストを削減できるし、成果が出やすい。

自分のスキルに需要があるか否かは、副業のマッチングサービスを覗いてみるのが良いと思います。相場や競争相手の数も把握することができます。

フリマアプリの「メルカリ」にも類似の機能があります。

メルカリで商品を検索すると、「SOLD」の表示がついた商品が表示されます。

どうして、売れてしまって買えない商品を表示しているのか。

**それは、メルカリの利用者が、買うときだけでなく、売るときにも検索しているから。**

売りたい人は、自分が売ろうとしている商品が本当に売れているのか、どういう写真を載せているのか、商品説明はどう書かれているのか、相場はいくらなのかなどを調べるために検索しています。

同様に、マッチングサービスを使えば、「あなた」という商品が売れるのか、調べることができます。

副業は、まず自分自身のスキルを洗い出し、初期投資を最小限にして始めましょう。会社で学んだことや趣味・特技を活用すれば、きっとあなたにしかできない仕事が見つかります。

1つでダメなら、2つ、あるいは、3つのスキルを掛け算します。

ただし、副業で少し稼げたからといって、安易に会社を辞めることはお勧めしません。

その依頼が安定して続くとは限らない。

フリーランスになるのはいつでもいいけれど、辞めた会社には戻れません。

会社で安定した収入を得つつ、副業のスキルを伸ばし、ノウハウを習得してからフリーランスになりましょう。

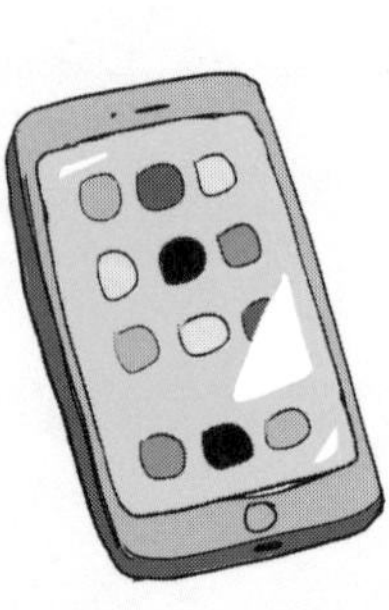

# 第2章

# フリーランスが仕事の効率を上げる方法

# 「弊社に来てください」は要注意

子どもから大人まで誰でも知っている有名な会社から、講演依頼を受けたときのことです。

「初回の打ち合わせは、弊社に来てほしい」と担当者に言われたので、これを丁重にお断りし、こちらのオフィスに来ていただくことにしました。

仕事をくれることには感謝しているし、可能な限り、先方の要望に応えたい。しかし、「来てください」だけは、承諾しないことにしています。

理由は、呼ばれてうかがって、仕事が成約になったことがないからです。

さて、今回はどうなるでしょう。

担当のAさんは、会ってすぐ、「さんきゅうさんは、どこの事務所なんですか?」と聞いてきました。

　ぼくのことをネットで検索するとすぐに出てくる情報です。事前の下調べをほとんどしていない。

　質問に一つひとつ答えてもかまいません。ただ、調べておいたほうが、お互いの時間を効率よく使えます。

　現に、ぼくも相手の会社のホームページを拝見するし、ほとんどの取引先がウィキペディアやツイッターを見てから来てくれます。

　怒ってないし、不快でもない。しかし、「移動中の電車の中でちょっと見てもいいんじゃないかな」とは思います。

　フリーランスのみなさんの場合は、相手の会社について調べると良いと思います。何も知らずに失礼な質問をして仕事を失う可能性もあるし、与信調査も必要です。

一通り自己紹介を終えると、Aさんは言いました。

「動画を撮らせてほしい」

上司に見せるために、講演をしているところを撮らせてほしいと言うのです。

買う前に商品について知りたいと思うのは当然の欲求です。

だから気持ちはわかるのですが、相手がどんな話をしてほしいかわからない状況、つまり、ニーズがわからない状況で、講演をするというのはちょっと難しい。悪い結果を招く気がします。

「そもそも、YouTubeを見てもらえればいいんじゃないかな」とも思います。

ぼく「すみません、この場でやるのはちょっと」
A　「え、ちょっとだけでいいんで」
ぼく「すみません」
A　「じゃあ、どんな感じで話すんですか」
ぼく「うーん、ふつうの人よりは、短く上手に話すと思います」
A　「ははははは、上手って！」

よくわからない笑いを生んでしまいました。

そのあと、具体的な講演内容やスケジュールの話をして、面談を終えます。

1時間後、プロフィールと写真を送るように言われていたので、メールで送ると、返事はありません。面談の結果、仕事の依頼をしないこともあるでしょう。ただ、要求されたプロフィールの送付に対し、返信はしてほしかった。

悲しい気持ちと「やはり」の気持ちが、ぼくの中で渦を巻いています。


「来てください」と言ってきた人と仕事がうまくいったことはありません。

ちょっと顔を見てやろうくらいの冷やかしの可能性が高いと思っています。本当に仕事を依頼したかったら、向こうから来てくれます。

あなたが仕事を得たいと思って、どこかに営業の電話をするときに、「御社と取引したいんです。一度、うちに来てください」とは言わないはずです。

だから、「来てください」と言われたら、警戒しながら対応しています。

# 自分の時給を把握しよう

## 報酬を決めるのは自分

自分の時間にいったいどれくらいの価値があるのか。

仕事の報酬は自分自身で決めることができます。相手から提示される場合もあれば、こちらから提示する場合もありますが、相手から提示されたとしても、その金額で受けるかどうかは自分で判断できます。

そのために**自分の1時間の価値を把握しておきます。**そうでなければ、仕事を依頼されたときに、適正な報酬がわからなくなってしまうからです。

フリーランスは働けば働くほどお金をもらえます。反対に、休んだり、だらけたりすれば収入は減ります。

そのときの自分の時給が1万円なら、1時間の昼寝は1万円失うことに等しいと、ぼくはとらえています。

はじめは、時給を設定せず、依頼者に提示された金額で仕事をしていました。今でも、ほとんどの依頼を何も言わずに受けています。それは、こちらと先方の持つ相場感に差がないからです。

稀に、相場を下回る依頼があって、交渉の余地がない場合はお断りしています。

取材のお仕事もよくいただきます。

1時間ほど話をして、撮影をして、後日原稿をチェックするまでが「取材」です。

9割くらいの会社が1時間の取材で同じ金額を提示されます。だから、ぼくは取材の時給をその金額に設定しています。

**相場より著しく低く提示された場合は、相場よりやや高い金額をこちらから提示しています。**低い金額を提示する人は、「来てください」の人々のように他のトラブルを起こす可能性が高いと思っているので、手間がかかる分、少し多い報酬を頂戴することにしています。

## 相手に面倒をかけない

取引をするときに、「この人、面倒だな」と思われると仕事が減ります。

お金について書いたり話したりするぼくは、とても面倒な存在だと思います。

だから、一緒に働く人がミスをしても怒らないし、何も言わない。謝られても、「いいですよ、いいですよ」と言っています。

打ち合わせでも、ずっとニコニコして、非論理的な主張はしない。そうやって、面倒さを消すように努めています。

たまに、会議で機嫌の悪いおじさんを見かけますが、特別な能力がない限り、他者から軽蔑されるのではないでしょうか。

**自分が報酬をもらう側の場合は、面倒な存在だと仕事が減ります。反対に、自分がお金を払う側の場合は、面倒な存在だと価格が高くなる可能性があります。**


「質問が多そうだな」

「手間がかかりそうだな」

「修正が多くなりそうだな」

「あとから仕事を追加してきそうだな」


そう思われないように相手を慮って行動すると、支出を抑えることができます。

フリーランスにはそのような工夫も必要です。

なお、支払いの遅延に対しては、遠慮せず督促をしましょう。それは「面倒」なことではありません。

## フリーランスはSuicaに1000円ずつチャージしない

自分の時間の価値がわかると、Suicaに1000円ずつチャージしなくなります。チャージはいつか使うお金を預けているだけなので、いくらチャージしても損をしているわけではありません。

しかし、1000円ずつチャージしていませんか。

チャージするたびに、あなたの貴重な時間が失われています。

それがわかっているなら、1000円ずつチャージするのは時間のムダです。1万円ずつチャージするか、オートチャージにしましょう。

**自分の時間の価値を理解し、自分の時間を大切にするフリーランスは、1000円ずつチャージしません。**

手軽に誰でも仕事を請け負うことができるようになったため、フリーランスの数は増えました。

その分、報酬が下がった業界もあると思います。**自分ができることに価値を見出し、**

**価格をつけて、自分の時給を把握しましょう。**

そうすることで、価格競争に巻き込まれずにフリーランスとして生き抜いていくことができると思います。

フリーランスの時間とお金について

# スキルの見える化で依頼が増える

## 見える化は依頼する側に安心感を与える

自分のスキルを見えるようにしていますか。

自分に何ができるのか把握することは容易ではありません。

特に自分に自信のない謙虚な方ほど難しい。

ぼくも、自分が何をできるのか正確にわかっていないかもしれません。

取材で「今後、どうしていきますか」と聞かれ、「就職します」と答え、「何かスキルがありますか」と返されたときは、「何もできません」と答えています。

自分が会社に入って何ができるのか、まったくわからないからです。

きっと、ぼくが自信家だったら、「フリーランスとして、人並みの生活ができるようになったんだから、会社に入っても大抵のことはできるだろう」と思ったかもしれません。

謙虚なみなさんも、自分の得意なことを見つけてください。それを自分で理解し、価格をつけ、どれくらい得意なのか他人からわかるようにしましょう。

**自分に「見える」だけではなく、他人からも「見える」ようにするのが、フリーランスの「見える化」です。**

あなたがフリーランスのライターだとします。他人からは、あなたがどれくらい上手に書けるのか、ほかのライターとどこが違うのかわかりません。

依頼しても大丈夫なのか、文法ルールを守らない不自然な文章が納品されるのではないかと依頼者は不安になります。

だから、見える化します。

経歴や特技を公開し、過去作品を並べ、SNSで発信する。そうやって、**依頼する側の不安に寄り添うことで仕事を得やすくなります。**

## さらに、差別化が仕事を招く

あなたのスキルが具体的になると他者との差別化がしやすくなります。

差別化しなければ、あなたはたくさん存在するフリーランスの1人に過ぎず、依頼する理由がありません。スキルを組み合わせて、唯一無二の存在となることで、あなたに依頼する理由をつくります。

ライターなら、お酒にくわしいとか、サッカーの試合を毎日見ているとか、パチンコに精通しているとか、同業他社との差異を利用して需要に応えます。

得意なことがなければ増やしましょう。

そのために、道具や自分にお金をかけて、売上を増やすように努めると良いと思います。

フリーランスの時間とお金について

# 自分の製品の価格を決めよう

## 自分の仕事一つひとつに値段をつける

フリーランスは、自分の「製品の価格」を決める必要があります。

具体的には、自分の仕事を細かく分けて、一つひとつに価格を設定します。

知人のフリーランスはこれを**「ボックス化」**と呼んでいました。

たとえば、20万円の講演の仕事ならば、

・講演料1時間　15万円
・スライド制作費　3万円
・打ち合わせ3回　2万円

などと分けておきます。

こうすれば、2時間の講演を依頼されたり、打ち合わせの回数が増えたりしても、すぐに追加の金額を計算できます。

また、金額を設定しておくことで、依頼者から仕事を追加されたときに、

「その場合は、〇万円となります」

と請求しても心が痛まない。なぜならば、あらかじめ決められた金額だから。

このように、**請求金額の根拠を自分の中に持たないと、自信を持って請求できません。**

もし、製品の価格を決めていなければ、人がよくて謙虚なあなたはきっと悩みます。

「追加で仕事を頼まれたけれど、追加の料金については何も言ってくれなかったな。時間もかかりそうだし、最初に決めた報酬のままじゃ、割に合わないよ。でも、なんて言おうかな。いくらにしようかな。請求したら、お金に汚い人間だと思われるかな。どうしよう」

大丈夫。あなたはお金に汚くない。仕事を追加されたら、報酬も追加されて当然です。自信を持って、請求しましょう。

また、**依頼があった際、仕事の内容や時間を明確に列挙しておきます。そうでないと、どこからが追加の仕事なのか曖昧になり、請求できません。**

さらに、ボックス化した金額を請求書に記載することで、相手に納得感を与えることもできます。値引きに応じない、強い心の形成にも役立ちます。

## 詳細な価格を決めることで報酬を交渉できる

「今回の予算は5万円なので、それでお願いします」と金額を提示されて、相場より低いのに、承諾した経験はありませんか。それはなぜでしょうか。

自信がないから？
交渉すると悪い印象を与えるから？
自分の製品の価格がわからないから？

価格を設定していれば、そのような不合理な行動は取りません。
さらに、ボックス化することで不要な作業を減らし、予算の少ない依頼者の希望を叶えることもできます。

たとえば、価格を20万円に設定していても、それより低い価格で講演の依頼がくることがあります。ボックス化していなければ、断るか値引きに応じるしかありませんが、ボックス化していれば、「スライドなし、打ち合わせなしならば、15万円でお受けできます」と柔軟に対応できます。

そうすると、「18万円にしますので、打ち合わせもお願いします」と予算を増やしてくれるかもしれません。

もちろん、はじめから「打ち合わせ込みで20万円です」と言っても良いと思います。

**ボックス化をすれば交渉時の選択肢が増え、売上の向上につながります。**

フリーランスの時間とお金について

## 作業時間が短くなると単価が上がる

### 移動時間は大きなコスト

在宅で働いている会社員の友人は、テレビを見ながら仕事をしているそうです。

フリーランスはそのような働き方に向きません。

仕事中にテレビを見たければ見てもかまいませんが、作業効率が落ち、単位時間当たりの単価が下がってしまいます。

だから、ぼくは作業時間が少しでも短くなるように努めています。**作業時間が短くなれば、受けられる仕事の量も増え、売上が増える**と信じているからです。

移動時間も大きなコストです。

ぼくは、打ち合わせはオンラインで行い、対面での打ち合わせが必要な場合でも、可能な限り移動時間が短くなるように工夫しています。

フリーランスになったばかりの頃は、依頼者の都合に合わせて移動することが多いと思います。

ぼくもそうでした。仕事をいただく立場の我々は、あまりにも弱い。

はじめてのメールで「弊社に来てください」と言われたら断っても良いけれど、仕事をくれた相手に「次は弊社で打ち合わせをしましょう」と言われたら容易には断れません。

そのような移動のコストも含めて、製品の価格を設定します。

##  メールも大きなコスト

依頼者とのメールの回数が多くなっても、あなたの製品パフォーマンスは向上しません。

重要なことを確認したら、メールはしないほうがいい。

**送れば送るほど、受け取ったメールが多ければ多いほど、あなたの単位時間当たりの単価が下がってしまいます。**

先日、5人が入っているメーリングリストで、打ち合わせの日程調整が行われた際は参ってしまいました。

A「来週はいつ空いていますか」
ぼく「いつでも空いています」

3日後

B「火曜と水曜が空いています」
C「水曜の午後なら空いています」
B「すいません。午後はだめです」
D「木曜と金曜が空いています」
B「金曜はだめです」
C「木曜は午後なら空いています」
B「午後はだめです」

この決め方では、日程は決められない。
ぼくは、メールが届くたびに、作業を中断して内容を確認していましたが、耐えられなくなってCCから外してもらいました。

これは一例ですが、わざわざ送る必要のないメールはたくさんあって、それを減らすことでフリーランスの作業が効率化すると思っています。

だから、他人の時間を奪わないように、意味のないメールを自分からは送らないようにしています。

## メールの返信は早いほうが良い

メールの回数を減らすことだけでなく、メールに速やかに返信することも重要だと思っています。

なぜならば、メールを読み、返信せずに放置すると、そのことが気になって他の作業が遅延するからです。

さらに、相手の立場に立つならば、返信が遅くて良いことはない。「あのフリーランスは返信が遅い」と思われるかもしれません。

**返信が早く、納品も早い人は、同業のフリーランスと差別化できる**と思います。

## 仕事をいただく立場でも、不要なことは勇気を出して断る

取引先のみなさんが仕事をくださることに日々感謝しています。

吉本興業さんなんて、家で寝ているだけで、講演の仕事を取ってきて、「来月の1日の夜、スケジュール空いていますか」と連絡をくださいます。

みなさんに感謝はしていますが、ときには断固たる決意で断らなければならないこともあります。

先日、取引先の方に、「見積書」「請書」「請求書」の3つを作成して、送るように言われました。社内で取引を処理するために必要なのでしょう。

悩みました。断ってもいいものか。

見積書と請書はつくったことがないし、相手の社内規定に合わせて要求された書類をすべてつくるべきなのか。

3枚くらい何も考えずにつくればいいのかもしれません。しかし、これが10枚や100枚だったらどうでしょう。

相手の要求が通常想定できる範囲を超えたとき、その作業は断っても良いと思います。

今回は、相手の求める書類の水準がわからなかったので、「御社で使用しているひな型を送ってください」とお願いし、名前と住所だけこちらで入力して、お戻ししました。

請求書は送るけれど、形式だけの見積書と請書は合意して定めた報酬に含まれていないという判断です。


ただし、取引先に悪い印象を持たれると次の仕事がなくなる可能性があるので、不合理な作業でも許容できる範囲なら受け入れます。


フリーランスは立場が弱い。依頼する側に無理な要求をされることもあるでしょう。

そのことを理解して、**相手の満足度を高めつつ、不合理な要求を避けて利益を最大化する。**これがフリーランスの生き方だと思います。

フリーランスの
時間とお金について

自分の時間の価値を把握して、時給を設定する

スキルを見える化して、差別化を意識する

作業の一つひとつに価格を設定して、仕事を追加されたらしっかりと請求する

コストは最小限に。何がコストなのか考える

作業時間を短くして、単位時間当たりの単価を上げる

# ホウレンソウは息を吸って吐くようにできて当然

社会人になると、「ホウレンソウ（報告・連絡・相談）」をしなければいけないと教わります。しかし、ぼくはホウレンソウはしなければいけないことだと思いません。「できて当然のこと」だと思っています。

あるとき、20年ほどキャリアが上の先輩から、「この資料、つくってもらえないか」と頼まれました。上下関係が厳しい芸人の世界で先輩の頼みは絶対です。すぐに対応すると、「ありがとう」とお礼をおっしゃってくださいました。

1ヶ月ほど経ったある日、その先輩とお会いしたら、「あの資料をクライアントに送ったら、こうなって、ああなって、結果、○万円の売上になった」と報告してくれたのです。

驚きました。ほとんどの芸人が、後輩にそのような報告はしないと思います。その先輩は、ホウレンソウを重要だと考えているか、あるいは、当たり前のことだと認識しているのだと思います。

先輩には後輩に報告をする義務などありません。しかし、どんなにその先輩が偉くとも、当然のことであればやらないという選択はない。息を吸って吐くように、HBの鉛筆をベキッとへし折って当然のように、報告をします。

それ以降も、その先輩は何かあれば報告してくれるし、ぼくも見習って必ず報告しています。

仕事に限らず、たとえば果物をいただいたら、次にお会いしたときに、どのように食べたのか、そして、どのような味だったのか報告しています。

フリーランスの心得

# 売上を上げるために意識していること

## 売上は3つの要素で成り立つ

5年くらい前に、森岡毅さん（今西聖貴さんとの共著）の『確率思考の戦略論 USJでも実証された数学マーケティングの力』（KADOKAWA）を読んで、売上を構成する3つの要素について学びました。

それが**配荷と認知とプレファレンス**（好意度）です。

くわしくは、森岡さんの本を読んでいただきたいのですが、自分の仕事に当てはめて紹介します。

ぼくが売上を上げるためには、まず、ぼくという商品が店頭に並んでいて、客が手に取れる状態になっている必要があります。

たとえば、ぼくが消しゴムだったら、コンビニや文房具店にたくさん並べてもらうように努めます。

ぼくは、芸人なので、所属事務所やSNS、ホームページによって、誰にでも手が届く状態になっています。すばらしい。配荷が100%です。

次に、ぼくを知ってもらう必要があります。

知らない人はぼくを買いません。ぼくがビールなら、広告を打ったり、イベントを催したりして、周知します。しかし、芸人なので、テレビに出たり取材を受けたりして、認知を高めています。

さらに、製品のパフォーマンスを上げます。ぼくが冷蔵庫だったら研究開発が必要ですが、芸人なので、より面白いネタを考えたりエピソードをつくったり上手に話す訓練をしたりします。

また、価格が不適切だと買ってもらえないので、市場動向を読みながら調整しています。人気も売上に影響しますが、ぼくの場合は特に何もしていません。

ただ、品行方正に生きることを意識しています。

これらの要素を向上させて売上を上げます。

森岡さんの理論は数学的で、数学が好きなぼくは何度も著書を拝読しました。

そこには、フリーランスのみなさんを導く理論が詰まっていると思います。

## 差別化で成功した月収400万円のフリーランス

ぼくの知り合いに、もともとテレビの制作会社に勤めていて、現在は独立してフリーのディレクターになった、40代の男性Aさんがいます。

ディレクターなので、カメラを持っていて、現場に行くことができて、映像の編集ができます。

さらに、マイクやスイッチャーなど撮影に必要な機材を買い揃えているため、Aさんに仕事を頼めば、制作会社は機材をレンタルしなくて済みます。そのようなディレクターはほとんどいないそうです。

Aさんには単価の高い依頼が増え、特番が重なった月の報酬は４００万円を超えました。一方で、仕事に恵まれない40代・月収20万円のディレクターもいるそうです。

Aさんは、**同業他者と差別化したことで、大きな結果を得ることができた**好例だと思います。

## おしゃべりを売る仕事なので

知識のアップデートは怠らないようにしています。

時間があるときは、参考になりそうな本を図書館で大量に借りてきて、特に良かったものを買います。

**1冊当たり1つか2つは役立つ情報が得られるので、それを誰かに話して、その人からまた面白い話を聞くサイクルをつくっています。**

人から直接話を聞くことも大切にしています。

たとえば、ぼくは「税金サークル」を催してさまざまな業種の方のお話を聞くし、講演後の打ち上げに参加して個別に経営者と交流するようにしています。

話を聞いた人全員が面白い情報を持っているわけではありません。

しかし、面白い話でなくとも、多くの経営者が習慣にしていることや忌避していることを集積することで、価値のある情報が形成されます。

それをまたどこかで話して、喜んでもらって、また話を聞く。これを繰り返しています。

## 準備や練習のほうが大切

講演の前は何度も練習します。大勢の前で話をするのは難しいからです。

誰でも、少人数で会話することはできます。

しかし、1人で行う講演は、必要な技術が会話とはまったく異なります。**1時間の講演なら最低10回は練習し、この練習代も込みで講演料を設定しています。**

また、講演では楽しく話すことも大切にしています。

ぼくの話している内容が、参加者の欲している情報ではない場合、満足度は著しく下がります。だから、少しでも面白さが伝わるように楽しく話しています。

フリーランスの心得

# 自分を過大評価する

## 自己評価は甘めでも良い

フリーランスは、自分の得意なことを見つけて、他人から見えるようにしなければ、仕事が得られません。

だから、自己評価が低いとうまくいかない。

謙虚な気持ちは大切ですが、ほんのちょっぴり他人より秀でた部分を過大評価することも必要だと思います。

だから、「勘違いしている人」や「自己評価がやたら高い人」のほうが、売上が上がるかもしれません。

周りにいませんか。

自信家だけど教養がなく、大風呂敷を広げるけれど結果が伴わない人。

そういう人は、自分を過大評価して、他人にアピールするのがうまい。謙虚なみなさんより、収入が高いことがあります。

みなさんも**自分に少し甘くなって、良い部分を誇張して他人に伝えてみてください。**

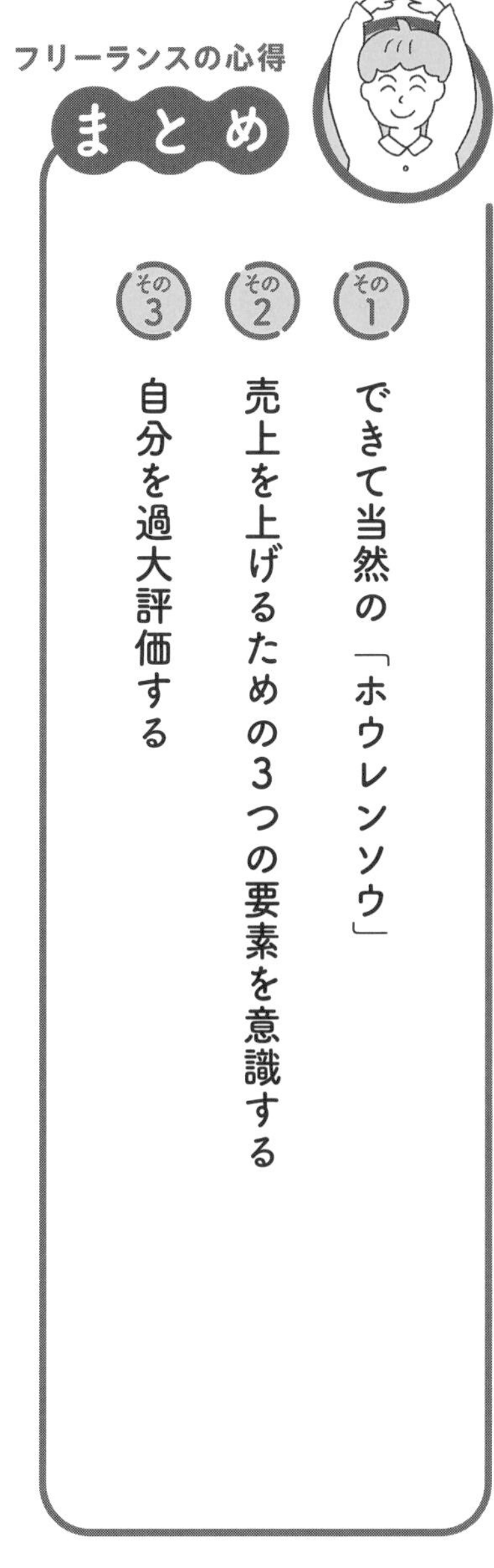
フリーランスの心得
まとめ
その1
できて当然の「ホウレンソウ」
その2
売上を上げるための3つの要素を意識する
その3
自分を過大評価する

Episode 4

フリーランスのNG

# 絶対に言われたくない言葉
## 「無理」

ぼくには言われたくない言葉があります。

高校生のときに、牛丼屋さんで牛丼を頼んだら、つゆだくの牛丼が提供されました。当時のぼくは、まだつゆだくの牛丼を食べたことがなく、どうしてもつゆだくでない牛丼が食べたかった。

今ではつゆだくの牛丼のおいしさが理解できます。しかし、高校生のぼくはつゆだくの牛丼をふつうの牛丼に変えてほしかった。

ぼくは牛丼を持ってきた高校生のアルバイトの方に頼みました。

名札に初心者マークをつけた彼は、奥にいる時間帯責任者ふうの男性に確認しに行きます。

そのとき聞こえた「無理！」をぼくは今でも覚えています。

とても不快でした。


「…あの…つゆだく…だから…変えてほしいと…言っ…」

「無理！」


もうあのときのぼくのような不幸な人間を生み出してはいけない。そう思って、絶対に「無理」とは言わないようにしています。

どんなに無理難題を言われても、屏風から虎を出せとか、「はしを渡るな」とか言われても、「無理」と言わずに、誠意を持って応えるようにしています。

# フリーランスは意味のないことはしない

## ATMに行かない、現金は使わない

人は不合理なので、意味のない行動をしてしまいます。

しかし、**フリーランスは意味のない行動を避けなければいけません。フリーランスの時間には、自分で設定した価値があるからです。**

飲食店などでクレームを言う人がいます。ぼくはそういう人が苦手です。クレームを言う時間があるなら、その分、仕事をしたほうがいい。

注意したくなるくらいイヤな思いをすることもあります。思い出せないし、思い出したくないけれどあった気がします。

クレームを言っても何も得られません。店員さんを罵ることで心が晴れるのでしょうか。反論され、論破されれば、不快感は増します。

そのようなリスクを取ってまでやる意味があるのか。

ぼくの思う意味のない行動は、

・**怒る**
・**積極的に現金を使う**
・**ＡＴＭに行く**
・**ポイントカードをつくる**

の４つです。可能な限り、これらを避けて生きています。

## 「ほしい」だけでものを買わない

意味のないお金の使い方もあります。

「ほしい」という欲求は、購入する理由として不十分です。

買う前に、必要なものなのか、必要だとしたらどれくらい使うのか、どれくらいの効果があるのか、価格に対してパフォーマンスは適切か考えます。

そのように考えていても、意味のない買い物をしてしまったことがあります。

先日、うっかり、同じフランス語の本を2冊買ってしまいました。サイズが異なるので、異なる本だと思ったのです。確認不足でした。

戒めとして、本棚のいつも目に入る場所に並べて置いています。

意味のない行動を避けて、時間やお金を有効に使いましょう。

フリーランスのNG

# 謙虚さは必要だが、遜る(へりくだる)と相手は侮る(あなどる)

## 過剰に振る舞うことはない

会社員は仕事をもらっても、特別な場合を除いて「ありがとうございます」とは言わないと思います。一方、フリーランスは、仕事をくれた人に対して心から感謝をします。仕事をもらえなければ、生活ができないからです。

過度に感謝をすることで、依頼者に対して遜ることがあります。

確かに、感謝を伝える1つの手段だと思います。

しかし、必要以上に自分を低位に置くと、相手は「謙虚だな」とは思いません。侮るだけです。侮って、あなたを軽んじます。

謙虚ですばらしい人間だと評価されるのは、仕事がたくさんある人だけです。

大御所俳優がレストランで会った一般の方に丁寧な対応をしていたら、「素敵ね」と思われるでしょう。

誰も知らない若手芸人が場末の居酒屋で愛嬌を振りまいていても、高い評価を受けません。「ギャグやって」と言われるだけです。

**過剰な謙虚さはトラブルを招きます。**

フリーランスのNG

まとめ

意味のないことはしない

遜ると相手は侮る

お役立ちツール

# フリーランスのための請求書

フリーランスは自分で請求書を書かなければいけません。取引先に「どうやって書けばいいですか」などと聞くことがあってはならない。

自分で調べて正しく記載しても、「誤っています」と言われることがあります。今回は、ぼくが使っている4つのパターンを紹介します。

## ① 本体価格と消費税を記載する

請求書　　2023年1月1日

双葉商事　株式会社　御中

〒000-0000
東京都渋谷区渋谷1-1-1

**請求金額　104,780円**

| 内訳 | 数量 | 単価 | 金額 |
|---|---|---|---|
| ①執筆 | 1 | ¥　100,000 | ¥　100,000 |
| ②立替経費 | | 5,000 | ¥　5,000 |
| ③消費税及び地方消費税の額 | | 10 % | ¥　10,500 |
| ④源泉所得税の額 | | 10.21 % | ¥　10,721 |
| ①+②+③-④ | | | ¥　104,780 |
| | | 合計 | ¥　104,780 |

ご依頼ありがとうございました。

さんきゅう
〒000-0000
東京都渋谷区渋谷2-2-2
09012345678

振込先
スイス銀行　春日部支店
普通00000000

取引先から提示された報酬、または、こちらから提示した報酬に、消費税を加えて請求します。メールなどで報酬を決める際は、本体価格だけでなく、「〇〇＋税」と表記すると良いと思います。

## ② 本体価格と消費税、源泉所得税を記載する

請求書　2023年1月1日

双葉商事　株式会社　御中

〒000-0000
東京都渋谷区渋谷1-1-1

**請求金額　99,790円**

| 内訳 | 数量 | 単価 | 金額 |
|---|---|---|---|
| ①執筆 | 1 | ¥ 100,000 | ¥ 100,000 |
| ②消費税及び地方消費税の額 | | 10 % | ¥ 10,000 |
| ③源泉所得税の額 | | 10.21 % | ¥ 10,210 |
| ①+②-③ | | | ¥ 99,790 |
| | | 合計 | ¥ 99,790 |

ご依頼ありがとうございました。

さんきゅう倉田
〒000-0000
東京都渋谷区渋谷2-2-2
09012345678

振込先
スイス銀行 春日部支店
普通0000000

源泉徴収が必要な仕事の場合は、本体価格から引きます。なお、源泉徴収が必要な仕事は、国税庁のホームページで確認できます。

## ③本体価格と消費税、源泉所得税、立て替えた経費を記載する

請求書　　2023年1月1日

双葉商事　株式会社　御中

〒000-0000
東京都渋谷区渋谷1-1-1

**請求金額　104,780円**

| 内訳 | 数量 | 単価 | 金額 |
|---|---|---|---|
| ①執筆 | 1 | ¥ 100,000 | ¥ 100,000 |
| ②立替経費 | | 5,000 | ¥ 5,000 |
| ③消費税及び地方消費税の額 | | 10 % | ¥ 10,500 |
| ④源泉所得税の額 | | 10.21 % | ¥ 10,721 |
| ①+②+③-④ | | | ¥ 104,780 |
| | | 合計 | ¥ 104,780 |

ご依頼ありがとうございました。

さんきゅう倉田
〒000-0000
東京都渋谷区渋谷2-2-2
09012345678

振込先
スイス銀行　春日部支店
普通00000000

経費を立て替えて支払い、報酬と一緒に請求することがあります。

この場合は、❶本体価格と❷立替経費を合わせた金額に、消費税の10%を掛けて加え、❶本体価格と❷立替経費を合わせた金額に源泉所得税の10.21%を掛けて引きます。

## ④本体価格と消費税、源泉所得税、交通費を記載する

請求書　2023年1月1日

双葉商事　株式会社　御中

〒000-0000
東京都渋谷区渋谷1-1-1

**請求金額　104,280円**

| 内訳 | 数量 | 単価 | 金額 |
| --- | --- | --- | --- |
| ①講演料 | 1 | ¥ 100,000 | ¥ 100,000 |
| ②消費税及び地方消費税の額 | | 10 % | ¥ 10,000 |
| ③交通費 | | 5,000 | ¥ 5,000 |
| ④源泉所得税の額 | | 10.21 % | ¥ 10,721 |
| | | | |
| ①+②+③-④ | | | ¥ 104,280 |
| | | | |
| | | 合計 | ¥ 104,280 |

ご依頼ありがとうございました。

さんきゅう倉田
〒000-0000
東京都渋谷区渋谷2-2-2
09012345678

振込先
スイス銀行 春日部支店
普通0000000

報酬とは別に交通費を請求する場合の一例です。電車などの運賃には消費税が含まれているため、❸とやや異なる記載方法となります。

なお、交通費であっても、源泉徴収の対象となります。

# 第3章

# 駆け引き上手な
# フリーランスの
# 行動経済学

# 報酬を上げる先輩芸人の交渉術

先輩芸人Sさんに、とある有名企業の20周年イベントの依頼が来ました。

提示された報酬は10万円。

仕事内容を確認すると、通常より拘束時間も出演時間も長い。

Sさんは、「相場と乖離があるので、報酬の変更をご検討いただけませんか」と頼みました。


担当者から次の連絡があったのは、その1ヶ月後。本番の2週間前でした。

しかし、金額は前回と同じ10万円。

Sさんは2つの可能性を考えました。

1つは、報酬を検討することを忘れている。

もう1つは、うやむやにして10万円のまま進めようとしている。

前者なら仕方ない。再度、丁寧に提案します。後者なら、毅然とした態度で望まなくてはいけません。


Sさんは、仕事内容をボックス化して、報酬を提示することにしました。

まず、準備物や事前リハーサル、本番、それぞれの価格を合計して記載し、「20周年のお祝いなので」と理由を添えて、値引き後の金額を記載します。


「本当にお祝いの気持ちがあったのよ。好きな会社だったからさ、その仕事はやりたいけれど、10万円は難しいよな。だけど、通常の金額だと向こうの予算を超えてしまうから、値引くしかなかった。

でも、理由が必要だろ。お金がありません、はいそうですかって値引くわけにはいかないだろ。だから、お祝いの気持ちで値引くことにしたんだよ。相手もうれしいし、値引いた金額が予算より高くても、断れないだろ。お祝いだから安くしますって言われて、お金ないんで依頼できません、なんて言えないだろ。大きい会社だしさ」

価格が明瞭であれば、依頼者が納得する可能性は高まります。

また、こちらの決めた金額を押し通すのではなく、互いに妥協点を探りながら交渉することもときには必要です。

特に、Sさんは値引きの理由が素敵でした。

このような金額の大きな取引でうまく交渉することが、フリーランスには必要だと思います。

# お金がなくても「お金がない」と口に出さない

## 仕事ができない人だと思われてしまう

お金がなくても、決して「お金がない」と口に出さないようにしましょう。
なぜならば、それは**「仕事がない」と言っているのと同じ**だからです。

フリーランスの能力は他人からはよくわかりません。
そのため、できるフリーランスか、そうでないかを見極める目安の1つになるのが、
その人の仕事量です。

仕事がたくさんある人は、多くの人に認められていて実績もある。

絶対ではないけれど、仕事がない人より能力が高いかもしれない。仕事をたくさん受けている分、その人の評判を多く聞くこともできます。

並んでいるラーメン屋さんと並んでいないラーメン屋さんがあったら、並んでいるほうに行きたいと思いませんか。フリーランスも同じです。

**お金がある人は、仕事がある人なので、依頼が増えます。**

だから、お金がなくてもそれを人に見せないほうがいいと思います。

「借金がある」と言って仕事が来るのは、芸人だけ。

##  人は他人が好むものを好む

お笑いライブの情報をSNSで発信するとします。

A：「チケットが売れていないので、ぜひ買ってください」

B：「チケットが売れたので、席を増設しました！」

あなたは、どちらのライブに行きたいと思いますか。

Bのライブを観たいと思うはずです。チケットが売れていないライブは、「もしかして、面白くないのかも」と思いませんか。

仮にAとBが同じライブだったとしても、Bのほうがチケットの売上は伸びると思います。

## 詐欺師はお金があるふりをする

お金がないことは隠したほうが良いけれど、事実と異なる振る舞いをするのは詐欺師だけです。

インスタグラムでバイナリーオプションを使った詐欺を行っている人たちは、20代前半の美しい女性のアイコンを使って、100万円の札束や高級ホテル、海外ブランドの鞄の写真などを載せ、

「月収20万円だったあたしも、月収200万円〜300万円。教えてほしい人は、このLINEを友だち追加してね」

などと書いています。

それを見た人は、「こんな若くて綺麗な人でも簡単に儲かるんだ。だったら、自分にもできるかもしれない」と考えて連絡します。

**ラクして儲かる方法を他人が教えてくれることはありません。**

どうして、他人であるあなたではなく、家族や友人に教えないんですか。

そもそも、それだけの収入がある人の時間は貴重です。

もっと働くか、遊ぶかすれば良い。

不合理です。

彼らは、他人を騙すためにお金があるふりをしています。

「お金がない」ことは隠したほうが良いけれど、お金があるふりをしてはいけない。

それは、周囲の人にウソをついているのと同じです。

駆け引きと行動経済学

# 選択肢は多く用意すべし

## 「おとりの選択肢」で相手を誘導

鰻屋さんに、松・竹・梅の3つのメニューがあり、それぞれ、3000円、2000円、1000円だったとします。

あなたはどれを注文しますか。

梅と竹の2種類が用意されていた場合と、松を含む3種類が用意されている場合とでは、後者のほうが竹の販売数が増えるそうです。

みなさん、真ん中を選びたくなるのでしょうか。

実験環境が異なれば、別の結果が現れるかもしれませんが、人はおとりの選択肢を示されると、行動を変えてしまいます。

これを**「おとり効果」**といいます。

フリーランスは自分で価格を設定し、依頼者に提示する場合があります。

そのようなとき、**価格を1つ示すのではなく、条件に応じてさまざまな価格を示すと良い**と思います。

お笑いライブでも「おとり」を見かけます。

ライブが1日に3回あって、チケットは1枚1000円。

しかし、1日通し券なら2000円。

1000円のおとりがあることで、2000円を安く感じませんか。

おとり効果はあなたの仕事の中でも活用できます。

## 選択肢があることで相手の満足度は変わる

また、選択肢は1つより複数のほうが、相手の満足度を高めることができます。

仕事でテレビ局に行くと楽屋にはお弁当が用意されています。

お弁当文化が発達しているので、どのテレビ局も秀逸なお弁当を用意してくれています。このお弁当も予算が許せば複数置いてあります。

複数あっても、1個しか食べません。

1個しか食べないけれど、2個置いてあるとうれしい。

これは、**選択できることが満足度を高める**からです。


吉本の社員さんは、楽屋にお茶や水、コーヒーなど数種類の飲み物を用意します。

すべて水にするより、そのほうが満足度が高まるからです。

これは、同じものを買って飲めない人がいた場合のリスクを回避する点でも有効です。

以前、とあるイベントに5人で参加したら、楽屋にブラックコーヒーが5本用意されていて、用意した方は上司に叱責されていました。

なぜ、コーヒーを5本にしたのか問われると、

「みんな同じ飲み物じゃないと、喧嘩になると思って」

と言っていました。

論拠に乏しい。

フリーランスのみなさんは、**どんなときも複数の選択肢を用意すると良い**と思います。

## 選択肢で相手の行動を制限する

選択肢を用意することで、自分を守ることもできます。

知り合いの税理士さんは、価格表を2種類用意していると言っていました。

**面談をして、面倒だなと思った相手には高い価格表を提示する**のだそうです。

「あれこれ注文してきそうで面倒だなと思っても、こちらから断れないじゃないですか。

だから、通常より高い価格表を示して、向こうから断ってもらいます。稀に、その金額でも良いとおっしゃる方がいますが、その場合はお受けしています」

小売店のように商品を売る業種はお客に応じて価格を変更しませんが、サービスの提供を行う業種では、価格は流動的です。

だから、値引き交渉が珍しくない。

ぼくの1時間の講演料は決まっていますが、担当者が面倒な人であれば、品行方正な方々より高い報酬を頂戴したいと考えます。

しかし、「メールのやりとりが多過ぎるので、講演料を上げてください」とは言えません。

最初からある程度の面倒を覚悟して、価格を決定しています。

だから、「来てください」などの相手の発言に慎重になります。

それが、「面倒のシグナル」だからです。


**出会ってすぐ面倒だなと感じる相手は、仕事を進めていく間もずっと面倒です。そういう相手には、はじめからやや高い金額を設定することも必要です。**

こちらの杞憂で、とても円滑な取引になればあとから値引いても良い。あらかじめ高い価格にしておけば、少しくらい注文が多くても耐えられます。

複数の価格を用意するなど、価格設定は柔軟に行うと良いと思います。

駆け引きと行動経済学

# サンクコストに縛られない！

## 「もったいない」の感情が判断を歪めることがある

サンクコストとは、**「すでに投資した、将来、回収できる見込みのない金銭的・時間的・**

**労力的なコスト」**のことで、埋没費用ともいいます。

たとえば、サッカーを観にスタジアムに向かっているときに、購入したチケットをなくしてしまったとします。

「せっかくここまで来たから、観ないで帰るのはもったいない。もう1度チケットを買おう」

本来、チケットを2枚買うことはありません。

そうであるにもかかわらず、「ここまで来たのだからもう1枚買ってでも観戦しないと損だ」と考えてしまう。

サンクコストが行動に影響を与えています。

観戦せずに帰るから正しいというわけではありません。もう1度チケットを買って観戦するほうが、満足度は高まるかもしれない。

ただ、**サンクコストによって、不合理な行動を取ることがある**と知っておきましょう。

## 損切りするタイミングが難しい

ぼくもサンクコストにしばられて、失敗したことがあります。

昔、ある不動産屋さんから講演を依頼されました。

まず、知人の紹介で、その会社にうかがって社長と面談。

それから1週間後、またうかがって、社長を含む役員と打ち合わせをしました。

その1週間後、またうかがって、社長と打ち合わせをし、その1週間後、またうかがって、模擬講演をしました。この模擬講演のために、スライドをつくり、練習を重ねています。

結果、別の日に社員数人の前で、試験的に講演をすることになりました。

愚かで未熟なぼくは、「試験的なので、5万円で」と言われ、受けてしまいます。

**これまで打ち合わせを重ねて、そのコストを回収したかった。**

本来であれば、5万円という価格は受け入れられませんが、ここまでやってきて売上が立たないことに耐えられなかったのです。

悪いことは続くもので、後日用意された契約書を見ると、金額は消費税込みの5万円となっていました。

何が良くなかったのでしょうか。悪いところがたくさんあるので、1つずつ振り返ってみます。

知り合いの紹介なので、社長に会うために先方にうかがうのは良いでしょう。2回目以降もうかがうかどうかは、判断に迷います。当時はZoomもなく、オンラインでのミーティングは現実的ではありませんでした。しかし、社長をこちらのオフィスに呼び立てるのは気が引けます。

かといって、こちらから喜んで何度もうかがうほどの取引ではない。**1回の打ち合わせで契約内容や日程を決めるべきでした。**

相手にすべて委ねて、受け身になったことを反省しています。

「模擬講演」も断るべきだったし、5万円を提示されたときも、**これまでのコストは勉強代と割り切って拒否すれば良かった。**

**相手が勝手に税込にしたことも注意すべきでした。**

すべて、未熟な自分が招いた結果です。

どのような取引でも、仕事をするパートナーとして互いに敬意を払うべきだと思います。

そうでないと良い結果にならないと経験から感じています。相手が自分に敬意を払っていないと気づいた時点で、身を引くべきでした。

敬意を払っていないから、何度も呼び出すし、「本をください」と言うし、模擬講演は勝手に撮影するし、5万円は勝手に税込にする。

**1つ悪い行動をする取引先は、無数の悪い行動をする。**

フリーランスになって、このことを意識するようになりました。

立場の弱いフリーランスの仕事は、サンクコストの連続です。損切りの機会が何度もあるけれど、常に最善の判断ができるとは限りません。

だから、**相手の行動や言動から将来発生するトラブルを予想**します。

そうやってすべての取引が快適となるように努めることが重要だと思います。

具体的には、**1回目の打ち合わせで「ちょっとおかしいな」と思ったら、その違和感を大切にしてください。**

フリーランスを続けていると、その違和感と失敗の積み重ねが危機回避能力の向上につながります。

駆け引きと行動経済学

# お金には絶対的価値と相対的価値がある

## 絶対的価値と相対的価値

お金の価値は、物価や金利によって変動します。今日の1万円で買えるものが、明日も1万円で買えるとは限りません。

さらに、お金の価値は個人によって異なります。

子どもが100円をもらったときと社会人が100円をもらったときの喜びには差があります。

同じタイミングでもらったのであれば、100円で買えるものは変わりません。10

０円には、１００円のものが買えるという**「絶対的価値」**があります。

一方で、収入のない子どもにとって１００円は貴重ですが、月収50万円の会社員にとって１００円の受け取りは誤差の範囲。これが**「相対的価値」**です。

あなたが取引先に「10万円も支払う」と思っていても、取引先は「たかだか10万円」と思っているかもしれません。

この相対的価値の差が、ボタンの掛け違いとなって不和を生むことがあります。

ぼくは、**お金の価値は人によって異なる**と考えながら、取引をしています。

## ハウスマネー効果

同じ人が同じ金額を得ても、お金を得た方法によって価値は変わります。

これを**「ハウスマネー効果」**といいます。

たとえば、働いて得た１万円は堅実に使うけれど、宝くじで当たった１万円や人からもらった1万円は、すぐに使ってしまいませんか。

同じ1万円なのに、使い方が変わるのは不合理だと思いませんか。
不合理だから悪いとは思いません。

**ハウスマネー効果というものがあって、人の行動が常に合理的ではないと知っていることが、フリーランスにとって重要だと思います。**

駆け引きと行動経済学

# 人は得を好むがそれ以上に損を嫌う

## もらう1万円と支払う1万円

もらうときの1万円と支払うときの1万円とで、その価値は異なります。

具体的には、**1万円をもらうときよりも、1万円を取られるときのほうが、人は何倍も頑張ります。**

ハウスマネー効果と同様に、同じ1万円なのに、行動が変わってしまうなんて不合理です。

コロナ禍で個人事業主を支援する給付金制度がつくられました。

申請すればもらえる給付金50万円を、面倒だからという理由で申請しなかった人が周りにいませんか。

会食の会費で50万円を請求されたら全力で抵抗するはずなのに、給付金の50万円は簡単に諦める。それは不合理ではありませんか。

50万円を稼ぐために、どれくらい働かなければならないのか考えたのでしょうか。

## お金は移動すると価値が下がる

フリーランスを数年続けている方は、5万円の仕事の依頼があっても、それほど喜ばないと思います。

しかし、外注費を5万円支払うと考えたらどうでしょう。とても高く感じませんか。

あなたが苦痛に顔を歪めながら5万円を支払っても、相手はそんなに喜ばないかもしれません。

同じ5万円でも、払う側からもらう側に流れることで、価値が下がってしまうことがあると、ぼくは考えています。

## 価値は母数の影響を受ける

**「感応度逓減性」**という言葉があります。

人が数字を評価する際、母数の影響を受けるという考え方です。

たとえば、5万円の靴と500万円の車を買うときの5万円のオプション、購入するとしたらどちらのほうが迷いますか。

車に500万円を出すから、5万円くらい追加してもいいと思ってしまいませんか。

5万円の価値は変わらないのに、人の行動は変わってしまいます。

フリーランスの仕事では、この不合理を利用できます。

報酬3万円の仕事を交渉によって6万円にすることは難しいと思います。

しかし、報酬20万円の仕事を交渉によって23万円にするのは、それほど難しくありません。

だから、**小さい仕事はすぐに受け入れて、大きな仕事でボックス化した価格を用いて論理的に交渉するほうが、売上は上がります。**

フリーランスはいつだって合理的に行動し、他人の不合理を活用するべきだと思います。

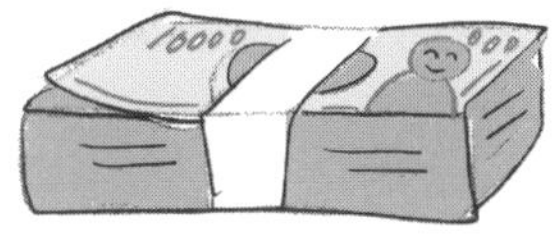

駆け引きと行動経済学

# 他人からどう思われるかで売上が変わる

## 「払っても良い」と考える金額は印象で変わる

あなたに仕事を依頼する人はあなたの仕事の適正な金額がわからないので、あなたの行動や発言、生活水準、装いを参考にしています。

みすぼらしい格好をしていたら、「ああ、このフリーランスは仕事がそんなにないんだな。じゃあ、安い金額でも受けてくれるだろう」と思われてしまいます。

友達でもない赤の他人は「このフリーランスは苦労しているんだな、たくさん払おう」とは考えません。

同様に、アルバイトをしているフリーランスの価値は低く見積もられてしまいます。「アルバイトと本業は別だ」と考えて、報酬を検討する依頼者もいます。

しかし、多くの人が「時給1000円のアルバイトをしているのなら、この1時間の講演は1万円も払えば、十分だろう」などと考えると思います。

よって、アルバイトで時間を浪費するよりは、フリーランスとしての能力を伸ばすことを優先させたほうが良いと思っています。

**他人からどう思われるかが、売上に影響するのがフリーランス**です。

# 来月の1万円と今月の1万円の価値は異なる

## 外注先には速やかに代金を支払う

「今1万円をもらうのか、来月1万1000円をもらうのか選んでください」

こう尋ねられると、多くの人は今1万円をもらうほうを選びます。

**人は、将来の価値を割り引いて考える**からです。

フリーランスは支払いサイト（取引の締め日から、実際に支払われるまでの期間）が長いことや、決済が遅れたりすることを嫌います。

決済は早いほうがいい。仕事をしたその日に現金で支払われることを好む方もいます。

元禄時代に、「現金掛け値なし」で成功したフリーランスがいました。

それが、現在の三越、「三井越後屋呉服店」です。

代金の支払いを月末や年末にまとめて行う「掛け」をやめ、即時決済を導入して成功しました。

決済に時間がかかる「掛け」には、回収不能になるリスクがあります。

そのため、販売代金にリスク相当額が転嫁されていました。

越後屋は現金商売にすることで価格を抑え、売上を伸ばしたそうです。


**フリーランスにとって、速やかな決済は価値を生みます。**

**反対に、支払いが遅いと不安になります。**


外注をした場合は、少しでも早く支払ってその不安を取り除くように努めます。そうすることで、それ以降の取引が円滑になると思います。

# 価格は依頼者に提示してもらう

## 価格を聞かれたら、まずは予算を提示してもらう

ぼくのホームページの「お仕事のご依頼」を開くと、名前や連絡先に加えて、予算を入力するようになっています。

だから、ほとんどの取引先が希望する仕事の内容と金額を最初に知らせてくれます。

ただ、相場がわからず、尋ねられることもあります。

友達であればすぐに答えますが、ビジネスなのでそう簡単ではありません。

答えずに予算の提示を求めると、おそらく相場を調べて、それなりの金額を提示してくれます。その金額が著しく低ければ交渉すればいいし、少し高ければいつもより頑張ればいい。

相手は提示した金額で納得しています。社内で決裁ももらったでしょう。

「そんなにいりません。安くします」

そんなことを言っても喜ばないとぼくは思います。謹んで頂戴します。

**こちらから金額を提示して良いことはありません。**

「思ったより高いな」と思われるだけだと思います。

安かったとしても、「安い。もう少し払いますよ」と言われることはない。

しかし、相手に金額を提示してもらえれば、企業としての見栄があるので、報酬が高くなりやすい。こちらから高い金額を言うより、支払う側に高い金額を言ってもらえれば、価格交渉に応じる手間を省くことができます。

**あなたが価格で訴求するフリーランスでない限り、相手に提示してもらいましょう。**

駆け引きと行動経済学

その1　お金がない人は仕事がない。仕事がない人に依頼はこない

その2　選択肢を増やして、満足度を高め、行動を制限する

その3　過去のコストに縛られず、損切りする

その4　その人や環境によってお金の価値は変わる

その5　人は損を嫌う

その6　他人からどう思われるかで、売上が変わる

その7　速やかな報酬の支払いが価値を生む

その8　価格は依頼者に提示してもらう

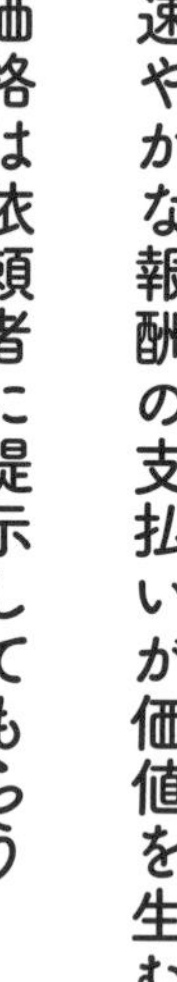

# 第4章

# 危ない取引先への対処法

# 危険度がわかる取引先の言葉

## 「弊社に来てください」

最初に言われたら要警戒。仕事が決まったあとは柔軟に対応しましょう。

## 「その商品ください」

サンプル以外の製品を要求された場合は、言い方にもよりますが、警戒が必要です。

ぼくは、打ち合わせに使うために持っていった自分の本を求められ、アマゾンで買い直しました。

今思えば、「新品をアマゾンで買ってお送りしますよ」と言えば良かった。

そうすれば、取引先は「じゃあ、自分で買います」と言ったかもしれない。

**「取引する前に、うちの商品を買ってください」**

お金を得るために、お金を払うなんて不合理です。

「還付金があるので、ＡＴＭでお金を振り込んでください」と同じやり方です。

なお、下請法で親事業者が購入を強制することは禁止されています。

**「あなたのためです」**

担当者　「ＡとＢの報酬制度を用意しました。
　Ａは成功報酬のみ、Ｂは月額の報酬と成功報酬。
　好きなほうを選んでください」

当然、Ｂにします。赤の他人のビジネスを手伝って、報酬がないなど考えられません。

ぼくは一攫千金を狙ってフリーランスになったわけではない。

より良く生きるためにフリーランスになりました。

さんきゅう　「Ｂでお願いします」

担当者　「Aのほうがあなたのためですよ」

おそらく、利益が出るまでぼくに報酬を払いたくないのだと思います。

正直に言ってくれたら、ぼくも考えます。

しかし、「あなたのためです」なんて、ひどい。

その一言で信用できなくなってしまいました。

こんな取引先はイヤだ ～受発注編～

# ツイッターでの依頼は要注意

## その仕事はあなたでなくてもいい？

ぼくへの仕事の依頼は、吉本興業さんかぼくの公式ホームページに届きます。稀に、ツイッターのダイレクトメッセージ（以下、DM）で依頼がありますが、成約に至ったことがありません。およそ50件中0件。

DMでの依頼は少し警戒しています。

一般的な会社の社員なら公式ホームページから依頼をしてくださいます。

ツイッターのプロフィールにもウィキペディアにもURLが載っているので、辿り着くのは容易です。

そうであるにもかかわらず、**ツイッターで連絡してくる理由は、ラクだからだと思います。**送られてくるDMには宛名もありません。あったとしても、本文は定型文。たくさんの人に同じ内容を送っているとわかります。

つまり、ぼくに頼みたい仕事ではなく、**誰でもいいからやってくれる人を探している仕事**です。

ぼく個人に宛てた、しっかりとした依頼もあります。

ただ、ホームページ経由の仕事と比べると、報酬が低い傾向にあります。

それらの経験が、ぼくのDMへの警戒心を強めています。

届いたDMをいくつか紹介します。

「はじめまして！　お仕事の相談をしたく、ご連絡しました」(中小企業コンサルタント)

「一緒に仕事をしませんか」(不動産会社)

「私の有料記事を告知してもらえませんか」(ウェブマーケター)

「新しくサービスを開始しました。登録は無料です。スキマ時間を使ってオンライン講

演ができます」（企業と講演者のマッチングサービス）

**DMの中に、ちゃんとした仕事の依頼があるかと問われれば、「ない」と断言できます。**

みなさんにも、ＤＭでの依頼は警戒してください。

こんな取引先はイヤだ　～受発注編～

# 仕事を紹介されたとき人の紹介を頼まれたとき

## 報酬を着服した先輩芸人Ｔさん

フリーランスが仕事を依頼される場合、依頼主と直接やりとりをすることもあれば、依頼主と自分との間に仲介者がいることもあります。

**この仲介者の存在には注意が必要です。依頼先の希望や提示した条件が、自分に正確に伝わらないことがあるからです。**

以前、先輩芸人のTさんから、地方での講演会を打診されたことがあります。

これが人生はじめての講演でした。思えば、この仕事での失敗が、現在の講演や取引に活かされています。

「金額は2人で10万円、時間は90分。オレは30分話すから、さんきゅうは60分。ギャラは、5万円ずつ。どうかな」

自販機すらない目黒区の公園で、Tさんは言いました。

まだアルバイトをしていたぼくは、5万円という大金に高揚していました。

あとから考えれば、公園で打ち合わせをするような人間を信じるべきではなかった。

その1ヶ月後、Tさんから連絡がありました。

「先方が、オレの話はいらないから、90分税金の話をしてくれってさ。ただ、オレにもギャラは払いたいと言ってるんだ。だから、5万円ずつな」

Tさんが持ってきた仕事です。当時のぼくには断る理由がありません。

「90分で5万円」

その甘美な響きに酔いしれていました。


迎えた当日、飛行機で徳島まで行き、意気揚々と臨んだはじめての講演。

結果は失敗に終わりました。

話した内容が参加者の求めているものではなく、さらに30分も早く終わってしまいました。事前に参加者の要望と属性を確認し、練習を重ねて時間を計っておくべきでした。

参加者と依頼者の残念そうな顔を今でも覚えています。


悪いことは続きます。

講演のあと、講演を主催した団体から報酬を直接渡されました。

その金額は15万円。10万円ではなかった。

Tさんに伝えると、ぼくから報酬の入った封筒を預かって、なにやら計算したふうを装い、5万円をくれました。つまり、Tさんは報酬として10万円を得たのです。

事前に、「オレが10万円で、さんきゅうが5万円な」と言うと、ぼくが了承しないと思ったのかもしれません。

しかし、こちらは10万円の仕事だと思っています。

一方で、依頼主は15万円の仕事だと思っています。

レストランで1万5000円のコースを頼んで、1万円のコースが出てきたらイヤな気分になりませんか。講演が10万円の内容なのか、15万円の内容なのかは、ぼく以外には判断できませんが、報酬が高ければスライドを外注し練習時間をより多く確保して、より良いパフォーマンスができました。

まさか、優しかった先輩芸人が、不当な利益を得ようとするとは思ってもみなかった。

それ以来、**仲介者がいるときは中間搾取に警戒しています。**

## 人を紹介してほしいと頼まれたとき

フリーランスとしていろいろな人たちと仕事をしていると、人を紹介してほしいと頼まれることがあります。

ぼくがよく頼まれるのは、「正社員」か「アルバイト」です。

「飲食なんやけど、週5くらいで入れる芸人探してくれへん」

「芸人辞めて正社員になってくれるやつおらんかな」

みなさん、気軽に尋ねてきます。

しかし、自分の知り合いを紹介する場合は慎重に行動しなければいけません。

なぜならば、雇用者、被雇用者どちらかの対応が悪ければ、ぼくにその責任の一部が転嫁されるからです。

だから、３つの確認をしています。

１つめは、**熱量**。

明日にでも必要なのか、ちょっとした思いつきで探しているのか、あるいは中長期的に見つかれば良いのかなど、求人の熱量を確認します。

認識に差があると、ぼくも紹介された人も損をするので、相手の熱量に合わせるために、必ず確認します。

２つめは、**理由**です。

差し迫った理由なのか、こういう人間がいたら便利だな、安く雇える人がいたらいいな、などといった軽微な理由なのか、確認します。

もしかしたら、馬車馬のように働かせる人間を探しているのかもしれません。

3つめは、**条件**です。

求人の相談をしてくる際、条件が提示されることはほとんどありません。

あまり良い条件を提示できないからだと思います。

紹介する前に、月給や休暇日数、勤務地などを確認することで、その条件から相手の熱量を測ることもできます。


人を紹介するときにはリスクとコストがかかり、知人の期待や信頼を裏切ってしまう可能性があります。だから、紹介する場合は慎重に行います。

ただ、リスクがあるからこそ、紹介が成功し、知人と知人のビジネスがうまくいったときは、達成感があります。

人の紹介ではないけれど、過去にはこんなお誘いがありました。


「ねえ、さんきゅう、あたしの知り合いの社長の会社でアルバイトを探しているの。日給2万円の死体洗いのバイトなんだけど、やらない？」

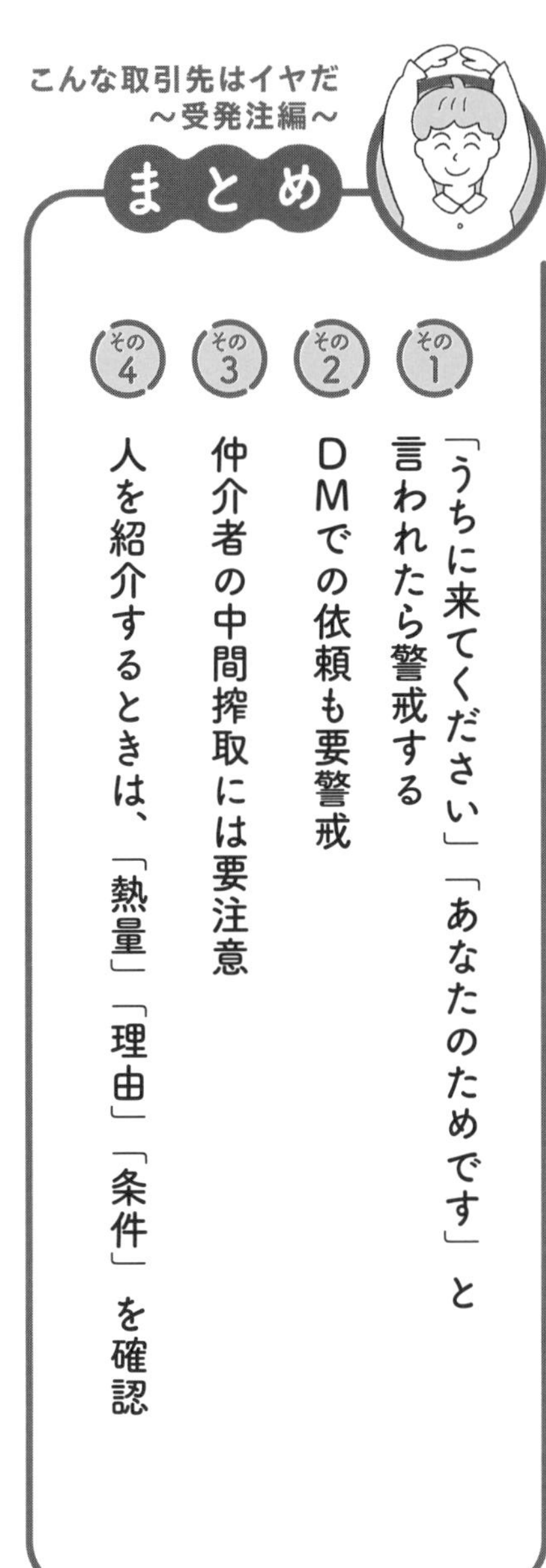
こんな取引先はイヤだ
～受発注編～
まとめ
その1
「うちに来てください」「あなたのためです」と言われたら警戒する
その2
DMでの依頼も要警戒
その3
仲介者の中間搾取には要注意
その4
人を紹介するときは、「熱量」「理由」「条件」を確認

Episode ▸ 7



# 「高くありませんか」と言われて

「報酬が高くありませんか」

1ヶ月後に講演でうかがう予定の団体から、問い合わせがありました。数ヶ月前に、日程と内容と講演料を決めたのに、どうして今さらそんなことを言うのでしょうか。契約内容を変更したいのかもしれません。

さんきゅう　「高くありません。他の団体も同じ金額で承っています」

担当者　「でもね、これを見てくださいよ。これは、去年、さんきゅう倉田さんが出演したイベントなんですがね。チケット代が2000円で、席数が20なんです。売上は最大4万円だから、今回の講演料より少ない」

さ　「それは社会貢献が目的のイベントなので、利益はありません。売上は会場代やスタッフの賃金に充てています」

担「そうですか。そういうことでしたら、他の団体に支払った講演料の記録を見せてもらえませんか。そうすれば、納得します」

さ「他の方の記録はお見せすることはできません。あの、ご予算を変更なさるんでしたら、金額をお知らせいただけませんか」

担「値引きを希望しているわけではないので、お間違いなく」

「お間違いなく」の意味がよくわからなかったので、この仕事はお断りすることにしました。

何度もメールをやりとりして時間を使ったけれど、サンクコストに引き寄せられずに損切りができました。自分の成長を感じます。

たくさんの会社と取引をしていると、変わった要求をする人たちと出会います。

# 口約束は信じない

## 条件や仕事の内容はメールや契約書で残す

仕事を依頼してくる相手は、友達ではありません。ウソをつかれたり、裏切られたりすることもあるかもしれない。

だから、**必ず、メールや契約書に仕事の内容を記載して、互いに確認します。**

そうしないと、恣意的に作業を追加されてしまう可能性があります。

特に、金額が大きな仕事や契約期間が長期にわたる場合は契約書を交わしましょう。

先日、終了期日のない長期的な仕事の依頼がありました。

企業の動画に出演する仕事で撮影日数や時間は未定、金額だけが「月〇万円」と提示されていました。

仕事の内容もわからないのに、了承するのは難しい。

撮影日数と撮影時間、撮影本数などを決定してから予算を提案いただきたいと何度伝えても、具体的な条件を提示してくれません。

「曖昧にして、あとから仕事を追加するつもりなんじゃないだろうか」

と思ってしまいます。

残念ながら、取引先の人すべてが善人ではないので、信頼関係を構築するまでは慎重に取引を進めなければいけません。

また、**友達ではない人と信頼関係を築くためには契約が必要です。曖昧な口約束は避けましょう。**

フリーランスの自分を守ってくれるのは、いつだって自分だけです。

## 「継続的な取引」が継続しないこともある

「毎月継続的に依頼するので、価格を下げてもらえませんか」

良い提案だと思います。

公務員を辞め、芸人になって感じます。

「毎月安定した収入があることが、どれほどすばらしいことか」

中長期の契約が決まると安心感が得られます。

安定を捨ててフリーランスになっても、毎月決まった金額の収入はうれしい。

ぼくも一度だけ、継続を条件に値引きをしました。

しかし、口約束だったため、反故にされてしまいます。くやしい。

このようにすれば良かったと思います。

**1回目の報酬は通常料金にして、2回目は1割引、3回目は2割引、4回目は3割引と少しずつ価格を下げていく。**

こうすれば、「何度も依頼したほうが得だ」と思ってもらえます。

本当に継続的に依頼するのであれば、この方法でも受け入れるはずです。

しかし、もし値引きさせて1回で逃げるつもりなら、この提案を拒否するかもしれない。相手の反応で、正直な取引先か否かを見極めることができます。

# 下請法で禁止されていることを知り、交渉の材料にする

## 弱い立場を守るための禁止行為

フリーランスが自分を守るための最後の手段になるのが、**下請法**（下請代金支払遅延等防止法）です。

下請法とは弱い立場にある下請けを守るための法律で、仕事を依頼する側に禁止行為が定められていて、違反した場合は罰金が科されることもあります。

※フリーランスのみなさんも誰かから仕事をもらう「下請事業者」です。

禁止行為は、たとえば次のようなものです。

・下請事業者に責任がないにもかかわらず、発注した物品などを受け取らない

・下請事業者に責任がないにもかかわらず、発注時に定めた下請代金を減額する
・仕事を依頼する側が下請代金の額を決定するときに、発注した内容に対して通常支払われるべき対価より著しく低い額を不当に定める（買いたたき）
・下請代金を発注した物品などを受け取ってから60日以内の定められた支払期日までに支払わない
・下請事業者に責任がないにもかかわらず、注文の取消や発注内容の変更などを行ったり、受け取り後にやり直しを行わせたりする

## 我慢の限界を超えたら下請法

ぼくも一度だけ下請法を持ち出したことがあります。

当時は、仕事でＬＩＮＥを使っていて、取引先の担当者ともＬＩＮＥでやりとりをしていました。これが良くなかった。

メールより簡単に送受信できるのが、ＬＩＮＥの良いところです。

そのため、「ああしてほしい」「こうしたほうがいい」と、修正依頼が24時間届くよう

になってしまいました。修正依頼に対応しても報酬は増額されません。

契約時に修正の回数を定めておかなかったことも良くなかった。

膨大なメッセージに対応し、憂鬱な気分のまま納品を続けていましたが、ある日、納品した製作物をボツにすると言われてしまいます。

しかし、**受け取りを拒否するのは下請法に反する可能性があります。**

メッセージを送り続けてくる取引先は、ぼくにとって大切なお客様ではありません。やむをえず、下請法の話をして製作物を受領してもらったところ、相手は髪が天を衝くくらい怒っていました。毎月40万円の大きな取引でしたが、あまりにも怒るのですぐに契約を解除しました。それ以来、仕事でLINEは使っていません。

## 使えるけれど使わない下請法

自分の仕事の状況を下請法と照らし合わせてみると、該当する行為が散見されます。

特に、報酬の不払いはよくある。

「社内規定ですぐにお支払いできないので、年末に、また請求書をお送りください」と言われたこともあります。これは、下請法の**「60日以内の支払い義務」**に違反する行為です。だからといって、永遠に支払われないわけではないので、そのときは指示にしたがって年末に請求書を送って処理してもらいました。

使うかどうかは状況によりますが、下請法に違反する行為をした取引先や担当者に対応するために、知っておいたほうが良いでしょう。

ただし、下請法を持ち出すと、その仕事はなくなる可能性が高いと思います。

この点が、仕事をもらう立場のフリーランスの弱みです。

それでも、**自分を守るために、刀を抜かなければいけないこともあります。**

こんな取引先はイヤだ
～契約編～

## まとめ

口約束は信じず、メールや契約書を残す

自分を守る最終手段の下請法を知ろう

## 忙しいふりをするか否か

仕事がないフリーランスは安く買いたたかれるため、忙しくないのに忙しいふりをする人がいます。具体的には、依頼者の提案した締め切りを拒否する、あるいは、締め切り間際に納品する人です。

結論から言うと、ぼくは忙しいふりをしないほうが良いと思っています。
その理由が3つあります。

①「ふりをする」というのはウソをつくのと同じ。依頼者の信頼を侮辱する行為だから。

②終わらせないと、ずっと頭の片隅でその仕事が気になって他の仕事のパフォーマンスが落ちるから。

③「納品が早い」という差別化ができるから。
ライティングをしていると、どの依頼者も締め切りを設定します。それが、2週間後

や3週間後なんです。3時間くらいで終わる仕事なのに、とてもゆとりのある締め切り。おそらく、執筆者を気遣ったスケジュールなのでしょう。しかし、そんなにいりません。

ぼくは依頼があったら、先ほどの理由で数日以内に納品します。

もし、同じ仕事を締め切り間際に納品している人がいたら、「たった3時間もつくれないほど、忙しいの？」と思ってしまいます。

だから、依頼者もそう思っているかもしれない。

ぼくは、速やかに納品するほうが良いと思います。

漫画家の岸辺露伴は「あんまり作品描きためると安っぽく見られるからな」と言っていました。露伴先生くらい偉大だったら、依頼者を焦らしてもいいかもしれません。

# 第5章

# フリーランスのための確定申告と資産形成

確定申告は慎重に

# 税務調査は何度でも

日本は申告納税制度を採用しています。

勤務する会社が源泉徴収や年末調整をしてくれる会社員と異なり、フリーランスは自分で収入や所得、経費、控除などを申告します。

この作業を「確定申告」と言います。

確定申告に誤りや虚偽があると加算税が発生して負担が多くなる場合があるので、フリーランスになったら自主的に勉強するようにしましょう。

ぼくの知り合いのフリーのカメラマンOさん、55歳。

40代前半から年収はずっと1000万円を超えています。技術も体力もあって、仕事は絶えません。

しかし、一度も確定申告をしていませんでした。直接話を聞くことはできませんでしたが、どうやら納税や申告に対する意識が希薄だったようです。

今から7年前、そんなOさんに税務調査が入りました。

税務調査とは、申告内容が正しいかどうかを税務署が調査するものです。

一般的には、売上が急に伸びた人や売上が伸びたのに所得が変わらない人、不正が疑われる業種などに行われるとされていますが、どのような事業者でも調査を受ける可能性があります。収入が少なくても、いつかはやってくると思って、日々正しく帳簿をつけ、正しく申告しなければいけません。

税務調査の結果、Oさんは本来払うべき税金に加え、加算税と延滞税を納めることになりました。

一度、税務調査の恐ろしさが理解できれば、税金の勉強をしたり、税理士さんと顧問契約を結んだりして、襟を正すと思いませんか。

しかし、その後もOさんが確定申告をすることはありませんでした。

そして、あの前回調査から数年後、再び黒いスーツを身にまとった男性が税務署からやってきました。前回の調査で事業を行っていることはわかっています。それから申告した記録がなければ、再び来訪するのは当然です。

実は、一度不正が発見されると、その後再び調査が行われる可能性は高まります。なぜならば、税務調査で不正が発見されても、「よし、次からちゃんとやるぞ！」とはならない場合が多いから。

調査の結果、Oさんは再び、適正に申告をしていたら支払わなくてよかった加算税や延滞税を納めたそうです。

確定申告は慎重に

# 所得税と住民税

## 会社員は確定申告が不要なのはなぜ？

納税は国民の義務。それは、会社員もフリーランスも同じです。**働いて収入を得ている人たちは所得税と住民税を納めます。**

しかし、フリーランスと異なり、会社員は毎年確定申告をするわけではありません。なぜならば、勤務先の会社が毎月の給料から所得税や住民税を天引きし、1年間の収入や社会保険料などがわかる年末に、年末調整を行って差額を還付することで、確定申告が不要となっているからです。

ただし、出産やレーシック手術で医療費控除を受けるとか、家を買って住宅ローン控除を受けるとかいった場合には、会社員でも確定申告が必要になります。

一方で、**フリーランスは毎年確定申告をします。** 以前と比べると、申告はとてもラクになりました。国税庁ホームページにある「確定申告書等作成コーナー」（下図）で自宅から申告ができるし、マネーフォワードやｆｒｅｅの登場で売上や経費などの記録も簡便になりました。申告そのものの複雑さは、正しい納税を阻みます。これらのシステムがさらに進歩して、確定申告が平易になることを願っています。

ここからアクセスできます

## フリーランスは所得税を払い過ぎている？

**フリーランスも、多くの場合報酬から所得税が源泉徴収されています。**

たとえば、ぼくが20万円で講演をしたとすると、20万円の10・21％が源泉徴収されるので、2万420円が報酬から引かれます（10％ではないのは、東日本大震災のあと、復興特別所得税が加わったから）。

報酬の20万円には10％の消費税がかかるので、源泉徴収された金額に2万円を足して19万9580円が振り込まれます。取引先にメールで送る請求書は、これらのことがわかるように記載しています（86ページに請求書の見本があるので参考にしてください）。

しかし、源泉徴収されない取引もあります。

ぼくの場合だと取材です。

どのような取引からどれくらい源泉徴収するかは、そのお仕事の内容によって異なります。

たとえば、ボクサーだったらファイトマネーから5万円を引いた残りに、ホステスだったらその月の報酬から計算期間の日数×５０００円を引いた残りに課税されます。

また、**個人事業者であるフリーランスには、経費の算入が認められています。**

みなさんも仕事の道具を買ったり、電車に乗ったり、事務所の家賃を支払ったりしていると思います。

確定申告では、それらの経費を収入から引き、さらに社会保険料控除や配偶者控除などの控除も引いて、所得税を計算します。

経費や控除が多ければ納める所得税が減ります。だからといって、支払いが増えれば、資産は減ってしまう。経費が多過ぎても良くありません。

所得税は超過累進税率を用いているので、税率が一定でなく、あなたの所得に応じて５〜45％が課税されています。

確定申告をすると、確定申告で計算した所得税と１年間に源泉徴収された所得税に差額が発生するので、納税または還付になります。

## フリーランスの所得税について

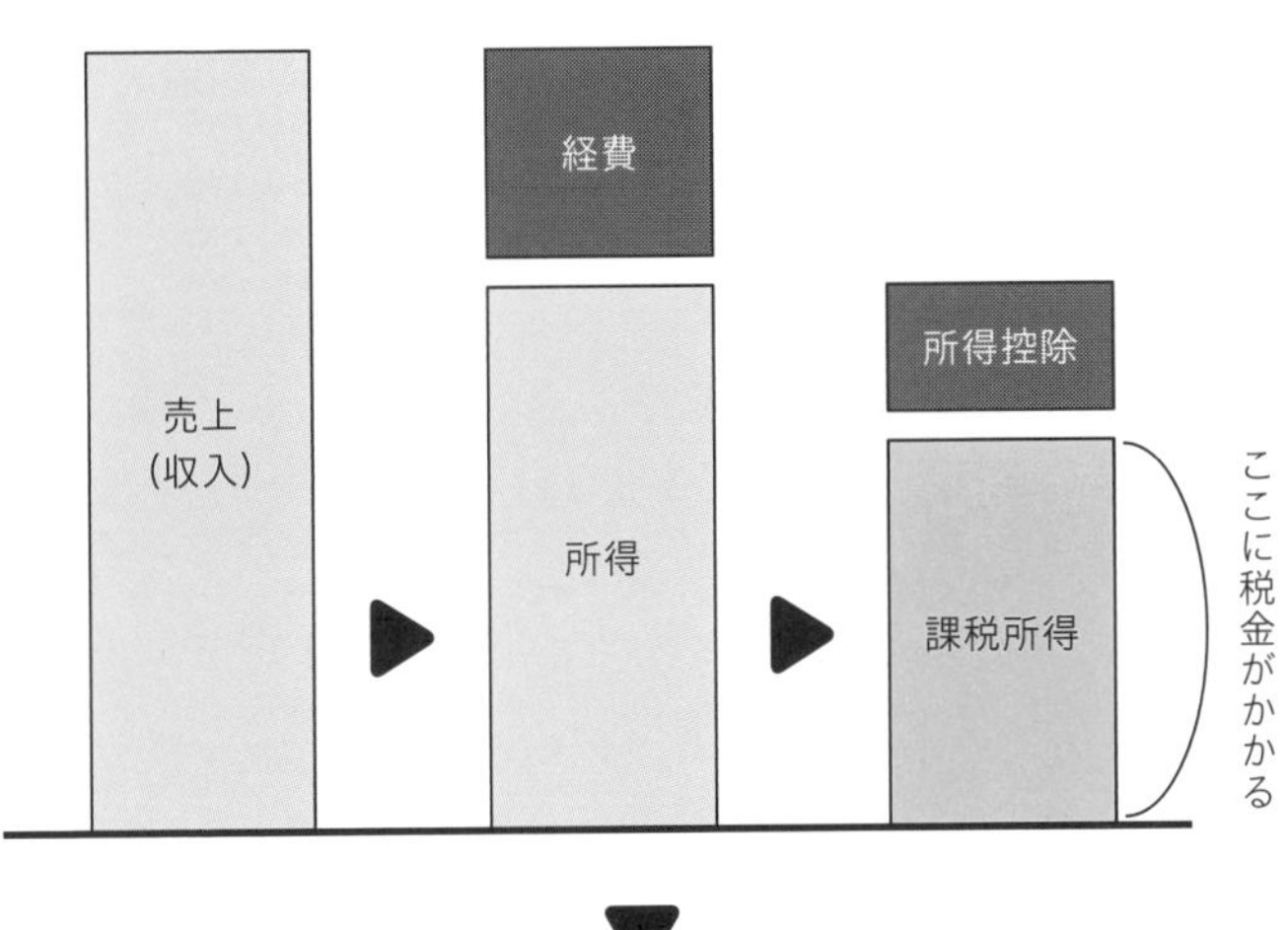

**所得税の税率表**

| 課税される所得金額 | 税率 | 控除額 |
|---|---|---|
| 1,000円から1,949,000円まで | 5% | 0円 |
| 1,950,000円から3,299,000円まで | 10% | 97,500円 |
| 3,300,000円から6,949,000円まで | 20% | 427,500円 |
| 6,950,000円から8,999,000円まで | 23% | 636,000円 |
| 9,000,000円から17,999,000円まで | 33% | 1,536,000円 |
| 18,000,000円から39,999,000円まで | 40% | 2,796,000円 |
| 40,000,000円以上 | 45% | 4,796,000円 |

※2013年から2037年までの各年分の確定申告においては、所得税と復興特別所得税（原則としてその年分の基準所得税額の2.1%）を併せて申告・納付することとなる。

## 現金がなくて住民税を払えないフリーランス

住民税は、前年の所得に対してかかります。

だから、社会人になって2年目の給料から徴収される方が多いと思います。

**フリーランスの場合は自治体から6月頃に納付書が送られてくるので、銀行の窓口やPayPayなどで支払います。** 納付書に記載されたバーコードをPayPayのアプリで読み込むだけで、すぐに納税ができるなんて、すばらしい時代になりました。

このような合理化が、フリーランスの納税を後押しすると信じています。

稀に、過剰な支出によって現金がなく、住民税が払えない方がいます。

**税金を滞納すると高い利息が発生します。また、そのまま放置すると銀行口座を差し押さえられて、通帳に「サシオサエ」と表示されます。**

家に都道府県税事務所の職員さんがやってきて、お金に換えられそうなものを持っていってしまうこともあります。

だから、将来の納税額を予想して現金を用意しておきましょう。

ぼくの知り合いの国税職員の方は、コンビニ経営者のところに行って「おにぎり100円セール」の幟を差し押さえたり、SM嬢のところに行って三角木馬を差し押さえたりしたそうです。本来、業務に欠くことができないものは差し押えが禁止されていますが、これらは「欠いても良い」という判断だったのかもしれません。

車のダッシュボードから拳銃を見つけたときは差し押さえなかったと言っていました。そのフリーランスの業務に欠くことができないものだったのかもしれません。

## 社会保険料は全額自己負担

フリーランスは税金も保険料もすべて自分で納付をしなければいけません。会社員だった頃より、社会保険料の負担を重く感じている方もいるでしょう。

よくわからないまま給料から天引きされる場合と納付書の金額を見て納付する場合とでは、心理的負担は大きく異なります。

だから、保険料はともかく、納税を忌避される方もいます。

**ぼくは、前年よりも売上や納税額が増えるとうれしく感じます。個人事業者であるぼくにとって、それらは自分が頑張った結果だからです。**

今はなくなってしまいましたが、昔は高額納税者の氏名と納税額が公表されていました。他の事業者の指針となるくらい名誉なことだと考えられていたのだと思います。

ぼくの知人の税理士さんが言っていました。**「確定申告はフリーランスの通信簿」**

この本によって、みなさんの納税額が増えることを願っています。

# 確定申告はどこでする？

## 申告書類の提出方法は３つ

確定申告の期間は、例年2月16日～3月15日。この１ヶ月の間に、税務署や自宅から確定申告をします。申告期限を過ぎてから申告すると、**「無申告加算税」**（納付すべき税額×５％）がかかる場合があります。さらに、利息として**「延滞税」**がかかる場合もあります。

はじめての申告は少々戸惑うかもしれませんが、身近にいるフリーランスの仲間や先輩から情報を集め、本屋さんで関連書籍を物色し、国税庁のホームページを見れば、きっと完遂できます。

**どうしても申告が難しい場合は、確定申告期間中に税務署や確定申告書作成会場**[※]に行きます。

※申告書作成会場……税務署とは別に設けられた会場。その地域を管轄する税務署の職員さんが来ている。この会場があるため、確定申告期間にその地域の税務署に行っても、確定申告の方法は教えてくれない可能性がある。なお、国税庁の発表によると、85％以上の人が、この会場や税務署に行かずに申告を行っている。

お金を支払って、税理士さんに依頼することもできます。

ただし、**確定申告の時期になってから慌てて相談すると、断られることがあります。**前年から税理士さんを探し、連絡しておくと良いと思います。

国税庁のホームページ「確定申告書等作成コーナー」で確定申告書を作成したら、税務署に提出します。主な提出方法は以下の3つです。

① 管轄の税務署に直接持っていく。
② 管轄の税務署に郵送で送る（返信用封筒を同封して、控えを送ってもらう）。
③「確定申告書等作成コーナー」から直接送信する。これがいわゆる、「e－Tax（イータックス）」。

ぼくは、毎年③です。

マイナンバーカードをiPhoneで読み取って、確定申告書を送信しています。

# 青色申告と白色申告の違い

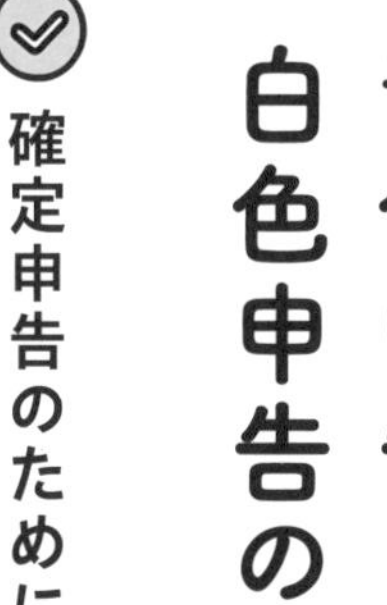

## 確定申告のために毎月やるべきことがある

確定申告をするためには、売上と経費の記録が必要です。

会社員と異なり、フリーランスはさまざまな会社から報酬の振込がありますが、仕事が少なければ、それらをまとめて確定申告の時期に処理しても良いかもしれません。

しかし、いつかは仕事が増え、処理が煩雑になります。

仕事が増えれば、経費も増え、記帳が多くなる。

そのため、**毎月記録をつけたほうが良い**と思います。

12月に概算の年収と経費がわかれば、税負担が予想でき、仕事で使う道具等の購入を年内に行うべきか、翌年に行うべきか検討することもできます。

ぼくは、会計ソフトに月ごとに売上と経費を入力し、お金の流れの見える化をしています。それを見て、売上が少ない月は経費を抑えています。

**家計と一緒です。生活費が収入を超えないようにするように、経費が売上を超えないように意識しています。**

## 青色申告

お金の流れを見える化する習慣は、そのまま税制上の優遇措置を受けられる「青色申告」につながります。

**確定申告には青色申告と白色申告があって、青色申告であれば、いくつかの特典が受けられます。** これから青色申告を始める方は、青色申告を始めようとする年の3月15日までに「所得税の青色申告承認申請書」を提出してください（1月16日以後に事業を始めた場合は、開業の日から2ヶ月以内に提出）。

【青色申告の主な特典】

**① 青色申告特別控除**

帳簿書類を備え付け、日々の取引を複式簿記で記帳し、貸借対照表と青色申告決算書を確定申告書に添付し、確定申告書を期限までに提出すれば、青色申告特別控除55万円が受けられます。

さらに、e-Taxによる申告を行うと、青色申告特別控除は65万円となります。

**② 青色事業専従者給与を経費にできる**

配偶者や15歳以上の親族に支払う給料は、仕事の内容や従事の程度等に照らして相当な金額を経費にすることができます。平たく言えば、青色申告なら家族を従業員にできるのです。

なお、適用を受ける場合は、3月15日まで（1月16日以後に新たに事業を始めた場合は、開業の日から2ヶ月以内）に、「青色事業専従者給与に関する届出書」を税務署に提出します。

**③ 純損失の繰越し**

赤字を3年間にわたって所得金額から差し引くことができます。

特典は他にもありますが、特にフリーランスのみなさんに影響があるものを抜粋しました。

## 白色申告

一方、白色申告の方は簡易な方法による記録で良いとされ、確定申告のときの提出書類も少なくなっていますが、青色申告のような特典はありません。

**売上や経費について、取引の年月日、相手方の名称、金額等を記載する際、一つひとつの取引ごとではなく日々の合計金額をまとめて記載しても良いことになっています。**なお、帳簿の様式や種類については特に定めがありません。

青色申告と白色申告それぞれの帳簿や確定申告書の書き方については、書店に並ぶ専門書を参考にしてください。国税庁も『帳簿の記帳のしかた—事業所得者用—』『確定申告の手引き』という資料を公開しています。

これらの書籍や資料は情報量が多いので、確定申告期間に読み始めるのではなく、フリーランスになった日から、少しずつ学ぶようにしましょう。
また、**青色申告と白色申告のどちらを選択してもかまいませんが、ぼくだったら何回生まれ変わっても青色申告にすると思います。**

確定申告は慎重に

# フリーランスの経費の考え方

## 仕事に関係ない支払いを経費にしていませんか

どこまで経費にして良いのか。
その判断はとても難しい。税務調査でもよく争われます。

仕事と関係なく、家族と食事をしたときの飲食代は経費になりませんが、業界関係者との飲食代はどうでしょうか。

一概に、良いとも悪いとも言えません。経費とは、

**① 売上原価、収入を得るために直接要した費用**

**② その年に生じた販売費、一般管理費その他業務上の費用**

であると抽象的に表現されていて、その曖昧さが税金の良いところであり、悪いところでもあると思っています。

同じ経費であっても、税理士さんによって見解が異なることもあります。

自分の支払いが経費になるかどうかわからなければ、**国税局電話相談センター**に電話して確認してみましょう。

ただし、電話によって経費に関する疑問が解消するとは限りません。

## 経費の注意事項

生活費（お昼ご飯を食べたとかベッドを買ったとか）は経費となりませんが、1つの

支出が家事と業務の両方にかかわり、判断が難しい場面があります。

たとえば、自宅兼事務所の家賃や水道光熱費ですが、このうち経費にできるのは、記録などに基づいて、業務遂行上直接必要であったことが明らかに区分できる場合のその区分できる金額に限られます。つまり、何の証拠もないのに「仕事でも使っています」というだけでは、経費として認められません。

## 必要経費にならないものの例

・生計を一にする配偶者や親族に支払う地代家賃などは経費になりません。逆に、受け取った人も所得としては考えません。
※地代家賃は借りている土地や建物の賃料。

・生計を一にする配偶者や親族に支払う給与は経費になりません。
※青色事業専従者給与は除く。

・所得税や住民税、罰金、科料、過料などは経費になりません。
※科料は1000万円以上1万円未満の金銭納付を命じられる刑罰で、過料は国や公共団体から金銭納付を命じられる行政上の罰。

確定申告は慎重に

# インボイス制度と消費税

## インボイスを学ぶ前に

なんとなく税金に関する制度だろうな、とは思っていても具体的になんなのかはわからない、それが**インボイス。**

**これは消費税に関する制度です。**

まず、多くのフリーランスが消費税を納めていません。

「え、消費税って納めるものなの？　買い物をしたときに、負担するだけじゃないの？」と思う人もいるでしょう。**取引をして消費税を受け取っている人は、消費税を納める必**

**要があります。**

しかし、消費税を受け取った覚えのない方もいるでしょう。特に、芸人をしていると、自分で取引先に対して請求書を出すことがありません（ぼくは出しています）。だから、消費税を受け取っている感覚がない。それでも、所属事務所は本体価格と消費税を合わせて、企業やテレビ局に請求しています。

たとえば、吉本興業さんに10万円で仕事の依頼が来たとします。吉本興業さんは、依頼主にその10万円が税抜か税込かを確認します。税抜なら請求書の金額は消費税を加えて11万円、税込なら10万円になります（吉本興業さんは法人なので、源泉徴収しません）。

この11万円または10万円のうち、何割かが仕事をした芸人のみなさんに振り込まれますが、毎月送られてくる明細書には消費税の金額は記載されていません。記載はされていないけれど、消費税が含まれています。

一般に、お店で物を買ったら、レシートに消費税の金額が記載されています。ぼくが、どこかの企業と取引するときも請求書には消費税の金額を記載しています。

どんな取引にもこのように消費税がかかっています。

ちなみに、世の中には消費税がかからない取引もあります。住宅の貸付や私物をメルカリで販売するような場合は、一般的に消費税がかかりません。

**消費税が記載されていない場合でも〝消費税は含まれている〟と考えるのが、消費税のルールです。**会社員やパート・アルバイトであれば、消費税はお店で一方的に払うものであって、受け取ることはありません。

しかし、**我々個人事業者やフリーランスは、取引をして消費税を受け取ります。**受け取ったその消費税は、国や地方自治体に納めなければいけません。

だから、毎年消費税の確定申告で、消費税の金額を計算して、消費税を納めます。

「お、ちょっと、待てよ、2月か3月に、税務署に行ったりパソコンで国税庁のホームページにアクセスしたりして、確定申告をしているぞ。あれは確か、所得税だったな。消費税の確定申告なんて聞いたことがないし、周りは誰もやっていないぞ」

そう、消費税の確定申告は必要な人と必要でない人がいます。必要でないのは**「免税事業者」**であるため。

**2年前の売上が1000万円以下の人は、消費税の確定申告も納税も免除されます。**

だから、ほとんどのフリーランスが消費税のことを気にしなくて良い。

取引をして、消費税分の10%を受け取っているのに、納税はしなくて良いという優しいルールの中で仕事をしています。

「2年前？」と疑問に思ったあなた。売上がずっと1000万円以下の人は、ずっと免税事業者です。

## インボイスが始まると

これまで免税事業者だった売上1000万円以下の人たちも、インボイスに登録したら消費税の確定申告と納税が必要になります。今まで払わなくて良かった消費税を払わなければいけない。

だから、みんな騒いでいるんですね。

## 登録するかしないか選べるインボイス

**今まで消費税の納税と確定申告をしていなかった人は、インボイスに登録するかしないかを選ぶことになります。**

登録をすれば納税と確定申告をしなければならないし、登録をしなければやることは今までと変わりません。登録しないほうがいいと考える方もいるでしょう。

しかし、**登録しないと取引先が損をしてしまいます。**

**だから、消費税を納めるようになって手元のお金は減ってしまうけれど、インボイスに登録せざるを得ない**フリーランスがたくさん現れると思います。

## 免税事業者のインボイス登録手続

インボイスに登録を決めたあなた。

まず、適格請求書発行事業者の登録手続きをする必要があります。

**「適格請求書」と出てきたら、インボイスのこと**です。登録すると、〝登録番号〟がもらえます。今まで取引先に送っていた請求書にその登録番号を記載すると、請求書は「適格請求書」になります（厳密には、消費税の区分なども記載する必要があるよ）。

登録は、管轄の税務署への書類提出か、スマホでの申請になります。

**制度は令和5年10月1日から始まり、国税庁は令和5年9月30日までにインボイスの登録申請書を提出しましょうと案内しています。**

おそらく、この年の2～3月に確定申告をするために税務署に行けば、インボイスの案内を見かけるでしょう。

なお、インボイスの登録をしたフリーランスは、登録日から消費税の課税事業者になり、登録日から12月31日までの期間の消費税の申告が必要となります（消費税の確定申告は、毎年行っている所得税の確定申告と一緒にすると良い）。

## インボイスは絶対登録するべきか

登録するかしないかは、あなたが自分で選ぶことができます。しかし、登録しないと、取引先に送る請求書にインボイスの登録番号を記入することができません。

そうすると、**取引先は仕入税額控除(しいれぜいがくこうじょ)ができません。**

また、知らない言葉が出てきました。

仕入税額控除とは？

たとえば、コンビニはお客に物を売ったときに消費税を受け取ります。

一方で、仕入のときには、仕入業者に消費税を支払っています。このように、取引をしていると**「受け取る消費税」**と**「支払う消費税」**が発生します。

確定申告をして納める消費税は、この受け取る消費税と支払う消費税の差額です。そして「支払う消費税」を控除するのが仕入税額控除です。仕入税額控除が多ければ、企業は納める消費税が少なくなりますが、インボイスに登録していない個人事業者と取引をした場合は、納める消費税が少なくならないルールとなっています。

つまり、企業はインボイスに登録している人と取引をしたほうが、納める消費税が少なくなる。制度が始まれば登録をしていない人は仕事が減ってしまうかもしれません。

## インボイスの登録をする人は、必ず知っておこう「簡易課税制度」

インボイスに登録をすることを決めたあなた。

これからは消費税の確定申告をすることになりますが、**申告には一般課税と簡易課税がある**ことを知っておかなければなりません。

簡易課税は、売上が5000万円以下の人が選ぶことができ、こちらを選ぶと消費税の確定申告における計算がラクになります。

あなたの行っている事業の区分によって「みなし仕入率」が決まり、このみなし仕入率と売上によって納める消費税が変わりますが、難しいので割愛します。

要するに、**インボイスに登録するときは、簡易課税に登録するか否かも検討してください。よくわからなければ税務署か税理士さんに相談すると良いと思います。**

ちなみに、ぼくが免税事業者なら簡易課税※を選択します。理由は、経費がそんなに多くないからです。

※簡易課税にする場合は「消費税簡易課税制度選択届出書」を提出してね。

## 次々と変わるインボイスの制度

小規模な事業者の負担が大きいインボイスは、多くの批判にさらされ、開始前から何度も変更されています。

消費税の負担が売上の2割となる制度や、３万円未満の取引は請求書の保存を義務付けないなど、当初よりは緩やかになりました。

制度開始まで、現在時点で10ヶ月あります（２０２３年1月現在）。それまでに、さらに緩和措置が設けられるかもしれません。

２０２３年10月から始まるインボイス。

フリーランスの方は、この本を読み終わった頃に、インボイスについて調べ、登録するかしないかを判断しましょう。

**知らない人が損をする、それが日本の制度です。**

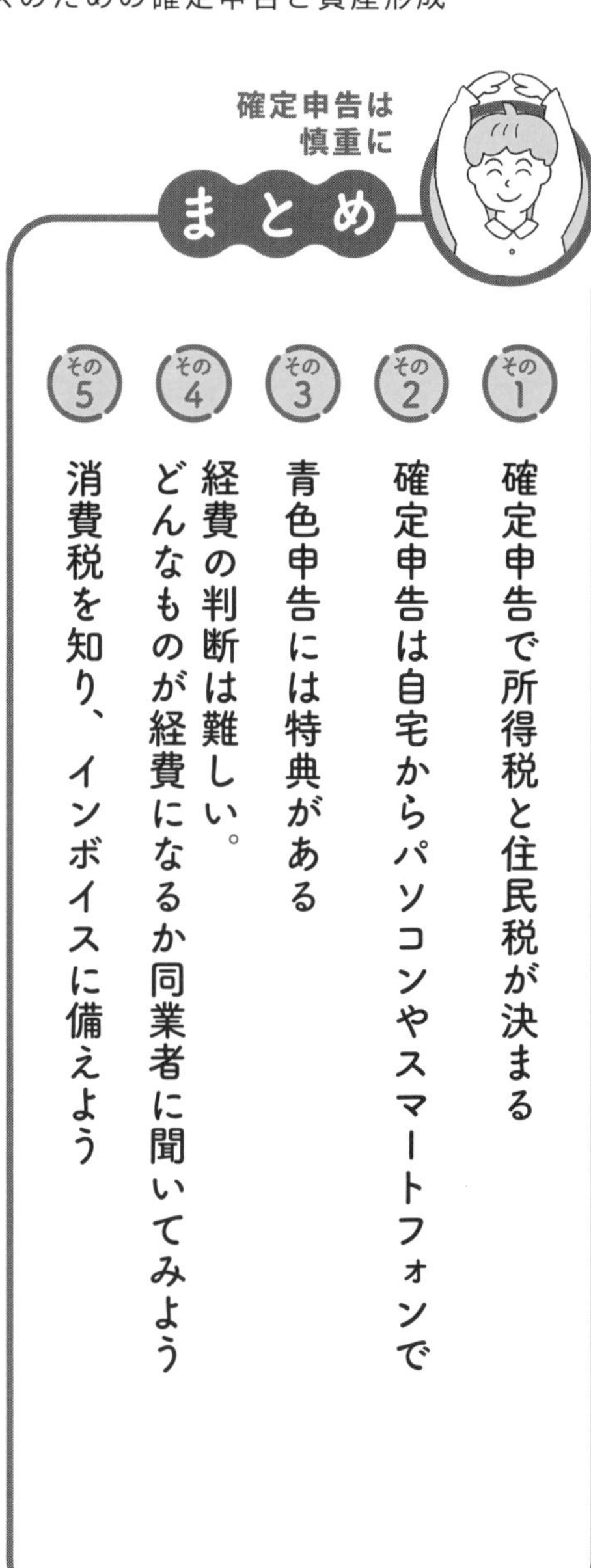
確定申告は
慎重に
まとめ
その1
確定申告で所得税と住民税が決まる
その2
確定申告は自宅からパソコンやスマートフォンで
その3
青色申告には特典がある
その4
経費の判断は難しい。
どんなものが経費になるか同業者に聞いてみよう
その5
消費税を知り、インボイスに備えよう

Episode 9

老後の資金も準備も大事

# フリーランスだからこそ、将来の備えが必要

「将来についてどのようにお考えですか」


取材でよく聞かれます。ＦＰのぼくにライフプランニングを聞きたいと。

将来のことなど何も考えていないから、芸人になりました。フリーランスの中には、ぼくと同じように、何も考えず独立した方々がいるのではないでしょうか。


少しずつ年収が増え、会社員のときより稼げるようになって、「これがずっと続くのだろう」と考えたことがありませんか。

栄光は長くは続きません。

テレビに毎日のように出ていた芸人さんが、数年経って仕事がなくなって苦労しているという話を聞いたことがありませんか。

同じようなフリーランスがたくさんいます。

そのままほそぼそと続ける人もいれば、年収が下がることを受け入れて就職する人もいます。

しかし、数年耐え凌げばまたフリーランスとして輝けるかもしれません。そんなときのために、フリーランスも貯蓄や投資について考えるべきだと思います。

# フリーランスのための資産形成

## 20代から老後の心配を

フリーランスは老後に国民年金を受け取ります。その月額は満額で約6万5000円です。

その金額で生活ができるでしょうか。家賃も支払えません。

数年前に、「老後に2000万円必要」と話題になりました。

老後のために2000万円の蓄えがないと年金だけでは暮らしていけないそうですが、ここでは、会社員の厚生年金月額の20万円が基準となっていました。

だから、**フリーランスはもっと資産が必要です。**

70歳になっても80歳になっても働けます。

しかし、ずっと仕事があるかどうかはわかりません。

社会のニーズに合わなければ依頼はなくなるし、有能な若い人たちに仕事を奪われることもあるでしょう。

特別な技術や能力を持っていたとしても、病気やケガで働けなくなれば収入はなくなります。新型コロナのような社会環境の変化によって、働きたくても働けない状況になるかもしれません。

誰だって、「この収入を維持していける」「もっと増やしていける」と思います。だから、生活水準を上げる。ぼくだって、4年ごとに家賃を上げています。

その一方で、**iDeCo**や**小規模企業共済**のことを考えています。

## 自分の年金は自分でつくる「iDeCo」

**iDeCo（個人型確定拠出年金）は、国が推奨する「自分で自分の年金をつくる」制度**です。掛金は月々5000円から1000円単位で設定可能で、上限6万8000円（国民年金基金または国民年金付加保険料との合算で）まで積み立てることができます。

iDeCoの最大のメリットは、3つの税制優遇を受けられることです。

**①掛金が全額所得控除**

支払った金額を社会保険料のように所得から引くことができます。

**②運用益が非課税**

運用で利益が出ても非課税です。

**③受け取り時は「退職所得控除」や「公的年金等控除」が適用**

一時金と年金、2つの受け取り方法が選択でき、どちらも控除があります。どちらが得となるかは、あなたの退職金や年金の額によって異なります。

なお、iDeCoは途中解約ができません。また、元本割れ（受け取る金額が投資した金額を下回ること）のリスクがあります。

## 20年加入で元本割れがなくなる「小規模企業共済」

**小規模企業共済は、小規模企業の経営者や役員、フリーランスを対象とした制度**です。掛金の上限は月7万円。事業を廃業したり、退職したりしたときに、積み立てた掛金に所定の料率（おおむね1%前後）が上乗せされて返還されます。

小規模企業共済の掛金も、iDeCoの掛金と同様に、全額所得控除になります。また、**加入期間が20年を超えると、原則元本割れの心配はありません。**

## 小規模企業共済とiDeCo

| 小規模企業共済 | | iDeCo |
|---|---|---|
| 比較的規模の小さな企業の経営者、役員、個人事業主 | **加入できる人** | 20～65歳<br>なお、自営業者・フリーランス等は60歳以降は任意加入被保険者として国民年金に加入している人に限る |
| 掛金の全額が所得控除の対象となる | **税優遇** | 掛金の全額が所得控除の対象となる |
| 1,000～7万円 | **掛金／月** | 5,000～6万8,000円 |
| なし | **手数料** | 加入・移管時（初回のみ）＝2,829円<br>掛金納付の都度＝105円<br>掛金還付の都度＝1,048円<br>その他、運営管理費が必要となる（金融機関により異なる） |
| できる | **途中解約** | できない<br>（掛止めは可能） |

老後の資金も準備も大事

# だらしないフリーランスは貯蓄が苦手

## 家計は家計簿アプリで

フリーランスの中には貯蓄が苦手という方がいます。会社員と比較すると、自由な生き方を好み、やや怠惰な人間が多いフリーランスの世界。貯蓄が苦手な方が多くいても驚きません。

そういう方には、**「家計簿アプリ」**を薦めています。ぼくは生活費のすべてを家計簿アプリで管理しています。

**メリットは、紙の家計簿と異なり持ち歩かなくて良いこと、**そして、**計算がラクなこと、銀行口座などと連携できること。**

いつも、レジで並んでいるときか退店してすぐに入力しています。預金口座とクレジットカードを連携させているので、入金や引き落としも容易に把握できます。また、毎月の生活費が把握できるので、必要な売上も計算できます。支出に合わせて、働く時間を調整できるフリーランスは、家計簿アプリを会社員以上に活用できると思います。

##  フリーランスは口座を３つに分ける

貯蓄にはルールが必要です。

まず、毎月余ったお金を貯蓄に回すのはやめましょう。そして、貯蓄したい金額を収入から引いて、残りを支出に回します。

また、仕事に関する支出と生活費を明確に分けるようにしましょう。それらが混ざり合って良いことなど一つもありません。

さらに、銀行口座は次の３つに分けると良いと思います。

**①売上の入金口座**

**②貯蓄のための口座**

### ③ 生活費のための口座

ヒトは弱い生き物です。ルールをつくらないと、ダイエットも貯蓄も長続きしません。貯蓄用の口座のお金は絶対に使わないようにしましょう。

生活費3ヶ月分程度のお金が貯まったら、それを超えた分のお金は投資に回します。ぼくの心は弱いので、預金残高が増えると消費が増えてしまいます。だから、200万円貯まるごとに証券会社の口座にお金を移し、その年のNISAの枠があれば、まずはNISAを利用した投資を行っています。

老後の資金も準備も大事

iDeCoと小規模企業共済のメリットを知る

貯蓄が苦手な人は、まずは口座を3つに分け、余裕があれば投資に回そう

# おわりに

この本は、フリーランスとして生きていくために必要なことを「お金と税金」をテーマにまとめました。現在時点で、自身の集大成と言える本になったと思います。

## 「仕事が仕事を呼ぶ」

ぼくの好きな言葉です。

広告を出すより、友人に紹介を頼むより、異業種交流会に参加するよりも、ひとつの仕事を丁寧に処理して良い結果を出せば次の仕事の依頼がきます。

さらに、良い結果を見て依頼してくれた人は、素敵な条件を提示してくれます。

この本が評価され、次のすばらしい仕事につながることを願いながら、今、お雑煮を食べています。元旦だ。

さんきゅう倉田

ありがとうございました!

**著者紹介**

## さんきゅう倉田（さんきゅう・くらた）

芸人。ファイナンシャルプランナー。1985年神奈川県生まれ。

大学卒業後、国税専門官採用試験を受けて東京国税局に入局。中小法人を対象に法人税や消費税、源泉所得税、印紙税の調査を行ったのち、同局退職。吉本興業の養成所 NSCに入学し、芸人となる。Twitterなどで発信した税やお金の情報が話題となり、執筆や講演等の仕事を増やす。以来フリーランスのような働き方をしながら芸人として活動し、現在は税理士会、法人会、商工会、医師会、保険会社、労働組合、各種学校、中小企業などでの講演に加え、『週刊東洋経済』『東洋経済オンライン』『ダイヤモンド・オンライン』『プレジデントオンライン』『マイナビニュース』『税と経営』などでも税や経済についての記事を執筆。自身でも、テレビや広告の出演依頼より取材や執筆、講演のほうが多いと言うほど好評を得ている。著書に『お金持ち 貧困芸人 両方見たから正解がわかる! 元国税職員のお笑い芸人がこっそり教える 世界一やさしいお金の貯め方増やし方 たった22の黄金ルール』（東洋経済新報社）などがある。

元国税芸人が教える！
**フリーランスで生きていくために絶対知っておきたいお金と税金の話**

〈検印省略〉

2023年 2 月 23 日 第 1 刷発行

著 者――さんきゅう 倉田（さんきゅう・くらた）
発行者――田賀井 弘毅

発行所――株式会社あさ出版
〒171-0022 東京都豊島区南池袋 2-9-9 第一池袋ホワイトビル 6F
電 話 03 (3983) 3225 (販売)
03 (3983) 3227 (編集)
F A X 03 (3983) 3226
U R L http://www.asa21.com/
E-mail info@asa21.com
印刷・製本 (株)シナノ

note http://note.com/asapublishing/
facebook http://www.facebook.com/asapublishing
twitter http://twitter.com/asapublishing

©Thank You Kurata/Yoshimoto Kogyo 2023 Printed in Japan
ISBN978-4-86667-430-8 C2034

本書を無断で複写複製（電子化を含む）することは、著作権法上の例外を除き、禁じられています。また、本書を代行業者等の第三者に依頼してスキャンやデジタル化することは、たとえ個人や家庭内の利用であっても一切認められていません。乱丁本・落丁本はお取替え致します。